dtv
Reihe Hanser

Wer Geschichte verstehen will, braucht einen Überblick übers Große und Ganze, ein Gerüst aus wichtigen Entwicklungslinien, Daten und Fakten. Im Geschichtsunterricht entsteht dieser Überblick bestenfalls am Ende. Als ehemaliger Geschichtslehrer kennt Manfred Mai dieses Dilemma. In seiner kompakten ›Weltgeschichte‹ führt er seine Leser mit großer Sachkenntnis durch die Jahrhunderte, von den ersten Menschen bis zum Beginn des 3. Jahrtausends. Was er zu berichten weiß, liest sich spannend wie ein Roman.

Manfred Mai, geboren 1949, zählt zu den bekanntesten deutschen Kinder- und Jugendbuchautoren. Neben zahlreichen Kinderbüchern hat er hoch gelobte Geschichtsbücher für Jugendliche verfasst, darunter eine ›Deutsche Geschichte‹, eine ›Geschichte der deutschen Literatur‹, eine ›Europäische Geschichte‹ und ein Sachbuch über die großen Menschheitsutopien: ›Der Traum von einer besseren Welt‹.

Weltgeschichte

Erzählt von Manfred Mai

Deutscher Taschenbuch Verlag

Inhalt

1. Vorwort 6
2. Die ersten Menschen 8
3. Von Nomaden zu Bauern 11
4. Große Erfinder und Entdecker 13
5. Ein intelligentes Volk 16
6. Das erste Weltwunder 18
7. Hochkultur am Indus 22
8. Ein riesiges Land 26
9. Grundlagen für die moderne Welt 30
10. Das erste Weltreich 35
11. Zwei neue Religionen: Christentum und Islam 43
12. Die Karolinger 48
13. Oben und unten und ganz unten 52
14. Millenniumwechsel 55
15. Wer soll der Höchste sein? 58
16. Kriege im Zeichen des Kreuzes 61
17. Vom Aufstieg der Städte 64
18. Ein neues Denken 68
19. Eine neue Welt 71
20. Die Spaltung der christlichen Kirche 77
21. Glaubenskriege in Europa 80
22. China und Japan schotten sich ab 84
23. L'état c'est moi! – Der Staat bin ich!
24. Vorbild England 91
25. Mit Gewalt in die Moderne 95
26. Von Habsburgern und Hohenzollern 99

27. Das Zeitalter der Vernunft   102
28. Ein Philosoph auf dem preußischen Thron?   104
29. Nach Amerika!   107
30. Freiheit, Gleichheit, Brüderlichkeit   113
31. Europa unter Napoleon   120
32. Die industrielle Revolution   124
33. Eine Antwort auf die »Soziale Frage«   128
34. Amerika den Amerikanern   131
35. Deine Kolonie, meine Kolonie   135
36. Am deutschen Wesen soll die Welt genesen   139
37. Die »Mutterkatastrophe« des 20. Jahrhunderts   141
38. Der erste sozialistische Staat   147
39. Zwei Wege aus kolonialer Abhängigkeit   153
40. Der Feind steht rechts!   156
41. Deutschland wird zum Führerstaat   160
42. Hitlers Rassenwahn   164
43. Der totale Krieg   167
44. Zwei feindliche Blöcke entstehen   171
45. Das Gleichgewicht des Schreckens   174
46. Die »Dritte Welt«   178
47. Der Nahost-Konflikt   181
48. China und Japan auf dem Weg nach vorn   185
49. Die Auflösung des Ostblocks   189
50. Auf dem Weg nach Europa   193
51. Die letzte Supermacht   197
52. Krieg der Kulturen?   203

1. Vorwort

Wer die Welt verstehen will, muss ihre Geschichte kennen; das wird jedem klar, der Zeitung liest oder Nachrichten im Fernsehen schaut. Wer wollte den Nahost-Konflikt verstehen, ohne die Geschichte des jüdischen und des palästinensischen Volkes zu kennen? Oder die Situation des afrikanischen Kontinents ohne die Kolonialgeschichte?

Dieses Buch will einen ersten großen Überblick über die Weltgeschichte geben. Es erzählt nur von den wichtigsten Ereignissen, Personen und Entwicklungen, und auch das in einer Kürze, die mir mitunter gewagt erschien. Wenn ich eine solche Weltgeschichte dennoch für notwendig halte, dann deshalb, weil ich weiß, dass Geschichte in all ihren Facetten und Details nur der wirklich versteht, der einen Überblick übers Große und Ganze besitzt. Mit dem, was ihn besonders interessiert, kann er sich dann immer noch eingehender beschäftigen. Es könnte ein Problem des Geschichtsunterrichts an unseren Schulen sein, dass das Große und Ganze erst am Ende eines langen Schülerlebens in den Blick kommt. Vielleicht kann dieses Buch da Abhilfe schaffen und den Geschichtsunterricht ergänzen. Ersetzen kann und will es ihn nicht.

Die 49 Kapitel dieses Buches erzählen vor allem von der politischen Geschichte der Völker und Staaten. Dennoch habe ich mich bemüht, auch von den einfachen Menschen und ihrem oft nicht einfachen Leben zu berichten. Dass auch sie Geschichte gemacht haben, wird gern vergessen. Und eine weitere Vorbemerkung erscheint mir wichtig: Dies ist, wie gar nicht anders möglich, eine Weltgeschichte aus deutscher Perspektive, sie ist mit Blick auf deutsche Leserinnen und Leser geschrieben. Schon ein französischer oder polnischer Autor, um zwei unserer unmittelbaren Nachbarn zu nennen, würde eine andere Perspektive einnehmen, an andere Leser denken und andere

Schwerpunkte setzen. Wie erst ein chinesischer, brasilianischer oder kenianischer! Ich hoffe, dass ich dennoch allen Völkern und Menschen, von denen mein Buch erzählt, gerecht werde. Versucht habe ich es nach Kräften.

Winterlingen, im Januar 2002   Manfred Mai

Vorwort zur erweiterten Neuausgabe

Als ich die Arbeit an der ersten Ausgabe dieses Buches abschloss, lagen die Anschläge vom 11. September erst wenige Monate zurück und der Euro wurde gerade als gemeinsame europäische Währung eingeführt. Inzwischen ist so viel geschehen, dass man meinen könnte, Geschichte im neuen Jahrtausend fände im Zeitraffer statt: der Irak-Krieg und seine Folgen, die EU-Osterweiterung, die »roadmap« für den Frieden in Nahost, der Tod Jassir Arafats und die Hoffnung der Welt, dass sich mit einer neuen palästinensischen Führung auch neue Wege zum Frieden auftun – all das gehört in eine »Weltgeschichte«, die möglichst nahe an die Gegenwart heranreichen will. In drei neuen Kapiteln wird in dieser erweiterten Neuausgabe davon erzählt.

Winterlingen, im Mai 2005   Manfred Mai

2. Die ersten Menschen

Unsere Erde ist fast fünf Milliarden Jahre alt. Seit drei Milliarden Jahren gibt es auf ihr Leben und vor fünfzehn Millionen Jahren begann die Entwicklung zum Menschen. Unzählige Schritte waren notwendig, bis Wesen entstanden, die uns ähnlich sahen. Obwohl hier noch viele Fragen offen sind, können Wissenschaftler diese Entwicklung in groben Zügen nachzeichnen. Vor allem Knochen- und Werkzeugfunde haben ihnen dabei geholfen.

Schon vor fünf Millionen Jahren dürften die ersten »Vormenschen« den aufrechten Gang angenommen haben. Damit waren ihre vorderen Gliedmaßen frei und konnten sich zu Händen entwickeln. Im Lauf der nächsten drei Millionen Jahre verdreifachte sich das Gehirnvolumen dieser Lebewesen, aus den »Vor-« wurden »Frühmenschen«. Sie waren in der Lage, Steine und Holz als Werkzeuge zu benutzen. Weil der wichtigste Werkstoff der Frühmenschen Stein war, nennt man die ersten 500 000 Jahre der Menschheitsgeschichte Steinzeit.

Von den frühen Steinzeitmenschen war es immer noch ein langer Weg bis zum modernen Menschen, den man Homo sapiens nennt. Die ersten Vertreter dieses neuen Menschen und damit unsere direkten Vorfahren waren die so genannten Cro-Magnon-Menschen. Ihren Namen erhielten sie nach dem Ort im Südwesten Frankreichs, an dem sie gefunden wurden; aber sie stammten aus Afrika. Von dort waren sie vor rund 40 000 Jahren nach Asien, Europa und – auf dem damals noch vorhandenen Landweg zwischen Sibirien und Alaska – nach Nordamerika gezogen.

Die ersten Menschen lebten als Jäger und Sammler in Gruppen – »Horden« – von 20 bis 50 Mitgliedern. Ihre Behausungen waren Höhlen, einfache Hütten aus Zweigen oder Zelte aus Tierhäuten. Darin lebten sie aber nicht ständig; als Nomaden folgten sie den mit den Jahreszeiten wandernden Tierherden, die ihnen Nahrung und Kleidung lieferten. Sie waren intelligenter als die Frühmenschen und jagten geschickter: Sie erfanden den Speer und Pfeil und Bogen, legten Fallgruben an und fingen Wild in Schlingen. Mit immer besseren Werkzeugen höhlten sie Baumstämme aus und benutzten sie als Boote. Bald lernten sie mit Speeren und ersten Netzen auch Fische zu fangen. Da sie schon die Kunst des Feuermachens beherrschten, konnten sie Fleisch und Fisch braten und so genießbarer machen. Ihre Kenntnisse und Arbeitstechniken müssen sie von Generation zu Generation weitergegeben haben. Wir können also davon ausgehen, dass sie eine differenzierte Sprache besaßen. Wie genau sich diese Sprache entwickelt hat, ist noch immer ein großes wissenschaftliches Rätsel. Sicher ist, dass eine solche Sprache Voraussetzung dafür war, den Alltag in großen Gruppen zu regeln und die Zusammenarbeit ihrer Mitglieder weiter zu verbessern.

Irgendwann müssen die Menschen dann nicht mehr alle Zeit und Kraft zum Jagen von Tieren und Sammeln von Früchten gebraucht haben; jedenfalls entwickelten sie einen Sinn für schöne Dinge. Sie stellten Armreifen und

Spielende Kinder entdeckten 1940 die Höhle von Lascaux mit ihren 20 000 Jahre alten Bildern. Die hier abgebildeten Kühe und das Pferd sind an die Höhlendecke gemalt.

Die Venus von Willendorf. Die Figur aus Kalkstein ist 25 cm hoch und etwa 25 000 Jahre alt.

Halsketten aus Zähnen, Muscheln und Perlen her, schufen Figuren aus Stein und Knochen, verzierten ihre Waffen und Werkzeuge mit Schnitzereien. Und es entstanden die ersten großen Kunstwerke der Menschheit: die Malereien in zahlreichen Höhlen Europas, etwa die Bilder von Lascaux in Frankreich und Altamira in Spanien, die 20 000 Jahre alt sind. Warum die Menschen diese erstaunlichen Bilder geschaffen haben, weiß niemand genau. Vielleicht wollten sie durch die Abbildung der Tiere eine geheimnisvolle Kraft gewinnen, um bei der Jagd erfolgreich zu sein; vielleicht führten sie im Fackelschein vor den Bildern beschwörende Tänze auf, um ihre Göttinnen oder Götter freundlich zu stimmen – sofern sie schon an solche Wesen glaubten. Wissenschaftler, die sich mit den Ursprüngen der Religion befassen, nehmen das an. Sie schließen es aus der Art und Weise, wie Tote bestattet wurden, vor allem aus Gegenständen, die sich in Gräbern fanden und keinen anderen Zweck gehabt haben können als den, die Toten zu beschützen und zu begleiten. Sie schließen es auch aus Kunstwerken, die mit großer Wahrscheinlichkeit aus religiösen Gründen geschaffen wurden. So die berühmte Venus von Willendorf, die man als eine Fruchtbarkeitsgöttin deutet – wohl mit Recht. Und selbst wenn solche Deutungen zu weit gehen sollten, ist eines sicher: Die Schöpfer der Venus von Willendorf und der Höhlenmalereien waren unsere nahen Verwandten.

3. Von Nomaden zu Bauern

Die Cro-Magnon-Menschen lebten während der vierten und letzten Eiszeit, als das arktische Eis große Teile der nördlichen Erdhalbkugel bedeckte. Sie war die härteste, dauerte über 100 000 Jahre und endete etwa 10 000 vor Christus. Ansteigende Temperaturen hatten die Gletscher schmelzen lassen und schufen ein Klima, das unserem gegenwärtigen glich. Besonders günstig waren die klimatischen Bedingungen in dem Gebiet von der Ostküste des Mittelmeers bis zum heutigen Iran. Dort wuchsen neben vielen anderen Pflanzen auch wilde Getreide, deren Körner die Menschen zerrieben und aßen. Irgendwann sammelten sie die größten Körner und pflanzten Getreide an. Zur gleichen Zeit begannen sie auch Wildtiere zu zähmen, zuerst den Wolf, aus dem sie einen Jagd- und Wachhund machten, dann Ziegen, Schafe, Schweine, Rinder und Pferde – Haustiere bis heute. So wurden unsere Vorfahren von jagenden und sammelnden Nomaden zu Ackerbau und Viehzucht betreibenden sesshaften Bauern. Sie bauten Hütten zum Schutz für sich und ihre Tiere, rodeten mit immer besseren Werkzeugen immer mehr Land und bearbeiteten den Boden, um ihn als Ackerland und Viehweiden zu nutzen. Sie lernten, nicht mehr von der Hand in den Mund zu leben, sondern Vorräte anzulegen. Dafür bauten sie Lagerräume. Weil die ein lohnendes Ziel für Diebe und Räuber, aber auch für wilde Tiere waren, bauten die Bauern ihre Hütten enger zusammen, errichteten Zäune und Mauern. So entstanden die ersten Dörfer. Weil nun die Versorgung mit Nahrungsmitteln beständiger wurde, wuchs die Bevölkerung. Und weil Ackerbau und Viehzucht weniger aufwendig waren als das Jagen und Sammeln von Nahrung, hatten die Menschen mehr Zeit für die Verbesserung von Arbeitsgeräten, Gebrauchsgegenständen und Waffen. Dabei zeigten sich manche geschickter und kreativer als andere, und mit der Zeit bildeten sich »Spezialisten« für verschiedene Bereiche heraus – so entstanden die ersten Handwerksberufe.

Diese Entwicklung, die im Nahen Osten begann und sich von dort nach Afrika, Asien und Europa ausbreitete, dauerte rund fünf Jahrtausende. Verglichen mit den Veränderungen in früheren Zeiten war das ein ungeheures Tempo. Deswegen und weil es sich um einen so grundlegenden Wandel der Lebensweise handelte, spricht man von einer »Jungsteinzeitlichen Revolution«. Es war eine Revolution, die längst nicht alle Menschen erreichte. Beinahe überall auf der Welt lebten weiterhin Jäger und Sammler, in einigen abgelegenen Regionen bis in unsere Zeit.

4. Große Erfinder und Entdecker

Wie genau die Menschen in der Steinzeit neue Werkstoffe entdeckt haben, wissen wir nicht. Wir können nur Vermutungen anstellen. Vielleicht spielte irgendwo ein Kind mit einem Klumpen Lehm und gab ihm die Form einer Kugel; vielleicht rollte diese Lehmkugel so nahe ans Feuer, dass das Kind sie nicht mehr zurückholen konnte; vielleicht bemerkte die Mutter oder der Vater des Kindes später, dass die Lehmkugel durch die Hitze hart und wasserundurchlässig geworden war; vielleicht formten sie daraufhin selbst eine Lehmkugel, teilten sie, höhlten die beiden Hälften aus und legten sie neben das Feuer. So könnten die ersten Tongefäße entstanden sein. Vielleicht war aber auch ein anderer Zufall im Spiel.

Bei Ausgrabungen im Nahen Osten fand man handgeformte Tongefäße, die 6000 Jahre alt sind. Dort haben die Menschen zur gleichen Zeit auch das erste Metall entdeckt, das Kupfer. Und wieder spielte dabei das Feuer eine wichtige Rolle. Vielleicht haben Menschen auf einem kupferhaltigen Felsen ein Feuer entfacht und sahen später in der Asche rote Kupferkügelchen, die vorher nicht dagewesen waren. Vielleicht haben sie überlegt, woher die Kügelchen kamen, und als eine Möglichkeit angenommen, dass sie durch das Feuer aus dem Felsen herausgebrannt worden waren. Vermutlich haben sie das »Experiment« wiederholt und dabei mit der Zeit gelernt, wie man aus Felsbrocken ein Metall gewinnen konnte, das sich formen ließ. Natürlich könnte auch das ganz anders gewesen sein, wir wissen es nicht. Wir wissen nur sicher, dass die Menschen um diese Zeit das Kupfer entdeckten. Aber sie bemerkten bald, dass Kupfer für Werkzeuge und Waffen zu weich war und schnell stumpf wurde. Also suchten sie nach härterem Metall, fanden Zinn und verschmolzen es

Schmuckstücke und Geräte aus der Bronzezeit. Sie erscheinen erstaunlich modern.

mit Kupfer. So entstand die härtere Bronze, die für ein gutes Jahrtausend zum wichtigsten Werkstoff des Menschen wurde. Aus ihm schmiedeten sie Äxte, Sicheln, Messer, Hacken, Meißel und Nadeln, deren Grundformen sich bis heute nicht verändert haben. Auch Schwerter, Dolche, Speerspitzen und Schutzschilde wurden aus Bronze hergestellt. Ebenso vielerlei Schmuck und sogar Blasinstrumente.

Der Bedarf an Bronze wuchs ständig, aber Kupfer und Zinn gab es nicht überall und nicht überall genug. Auch die Schmiede lebten nicht immer an den jeweiligen Fundorten, wo bald der Bergbau entstand, zuerst über, dann auch unter Tage. Waren die Metalle gewonnen, mussten sie zur Verarbeitung zu den Schmieden transportiert werden und die fertigen Waren von dort zu den Kunden. So begann der Handel mit Rohstoffen und Waren. Am einfachsten war der Transport auf dem Wasser, denn man kannte schon Flöße und Boote. Auf dem Landweg war der Transport schwerer Güter schwieriger und mühseliger. Es muss unendlich viele Versuche und Irrtümer gegeben haben, bis jemand – vielleicht auch viele gleichzeitig – den entscheidenden Einfall hatte: das Rad! Bald rollten die ersten Karren von Ort zu Ort. Und weil die Räder einen ebenen Untergrund brauchen, wenn sie gut rollen sollen, wurden Pflanzen und Steine von den Pfaden und Wegen geräumt – die ersten Straßen entstanden. Mit dem zunehmenden Handel, zum Teil über weite Strecken, kam auch ein Austausch von Gedanken in Gang, wie es ihn zuvor nicht gegeben hatte. Neue Erkenntnisse und Techniken verbreiteten sich schneller und weiter als jemals zuvor. So ging im Nahen Osten die Steinzeit mit Riesenschritten ihrem Ende entgegen.

5. Ein intelligentes Volk

Während in Mitteleuropa die Menschen noch als Jäger und Sammler umherzogen, schufen die Sumerer in Mesopotamien, dem Land zwischen Euphrat und Tigris, die erste Hochkultur der Menschheit. Sie hatten schon das Rad erfunden und den ersten von Eseln oder Ochsen gezogenen Pflug. Sie bauten Städte, in denen bis zu 50 000 Menschen lebten, Dämme, um die Städte vor Überschwemmungen zu schützen, und Kanäle, um ihre Felder zu bewässern. Solche Arbeiten mussten ebenso geplant und organisiert werden wie die Produktion und die Verteilung von Gütern in derart großen Gemeinschaften. So suchten die Sumerer nach einer Möglichkeit, wichtige Dinge anders als nur im Gedächtnis festzuhalten. Sie benutzten zuerst kleine Bilder, die zum Beispiel für einen Mann, eine Frau, ein Rind, einen Obstkorb oder Getreidesack standen. Mit der Zeit wurde daraus ein Zeichensystem, mit dem sie auch Vorgänge dokumentieren und Mitteilungen machen konnten. Sie drückten die Zeichen mit keilförmigen Stiften in weiche Tontafeln, die sie anschließend brannten, um das Aufgezeichnete haltbar zu machen. Nun war die mündliche Überlieferung nicht mehr der einzige Weg, Wissen an die Mit- und Nachwelt weiterzugeben.

Eines der ältesten Schriftstücke der Menschheit. In Keilschrift geschrieben und in Ton gebrannt, hat es einen medizinischen Text über 4000 Jahre bewahrt.

Mit der Erfindung des Rades und der so genannten »Keilschrift« haben die Sumerer zwei große Schritte in der Menschheitsgeschichte getan. Aber auch auf anderen Gebieten waren sie wegweisend. So erfanden sie ein Maßsystem mit Einheiten von zwölf oder 60. Unsere Zeiteinteilung mit 60 Sekunden pro Minute und 60 Minuten pro Stunde geht auf dieses System zurück. Und noch heute besteht ein Dutzend aus zwölf Stück.

Die Städte der Sumerer waren bereits wie kleine Staaten aufgebaut und organisiert. An der Spitze stand der Stadtherr, der das Recht zu herrschen von seiner Nähe zu den Göttern herleitete. Von den Sumerern wissen wir also, dass sie eine Religion besaßen, und dass es eine Religion mit vielen Göttern war.

Der Stadtherr erließ Gesetze, die das Zusammenleben der Menschen regelten, und er legte die Höhe der Abgaben fest, die jeder zu erbringen hatte. Diese Abgaben dienten dazu, die Priesterschaft und die Verwaltung zu finanzieren, einen militärischen Schutz aufzubauen, die Wasserversorgung zu sichern und die Vorratshäuser für Notzeiten zu füllen. Heute würden wir sagen, die Sumerer zahlten Steuern. Und noch etwas erscheint uns an den Sumerern sehr modern: Zwischen ihren Städten kam es öfter zum Streit; es ging dabei um Besitz, Landbesitz vor allem, und Macht. Aus manchem Streit wurde Krieg und mancher Krieg wurde im Namen der jeweiligen Götter geführt.

Die hohe Zeit der Sumerer dauerte etwa 1500 Jahre. Um 2000 vor Christus war ihre Kultur in großen Teilen des Nahen Ostens verbreitet. Warum sie bald danach aus der Geschichte verschwanden, lässt sich nicht mit Gewissheit sagen. Aber ihre Erfindungen und ihre Kultur lebten weiter.

6. Das erste Weltwunder

Auch wer sich mit Geschichte noch kaum beschäftigt hat, weiß, dass vor langer Zeit in Ägypten Pyramiden erbaut wurden und dass man die Herrscher, die sie bauen ließen, Pharaonen nannte. Noch heute stehen wir staunend vor diesen 4500 Jahre alten Bauwerken.

Etwa 5000 v. Chr. gingen die ersten Jäger und Sammler entlang des Nils zur sesshaften Lebensweise über. Sie lernten mit dem Nil zu leben, was anfangs sicher nicht einfach war. Denn in jedem Sommer führte der gewaltige Fluss Hochwasser und überschwemmte das Land. Das Hochwasser war gefährlich, aber wenn das Wasser im Herbst wieder abfloss, ließ es Schlamm zurück. Und dieser Schlamm war bester Dünger und machte die Felder sehr fruchtbar. Die Menschen waren deshalb dem Nil dankbar und verehrten ihn wie einen Gott: »Preis dir, o Nil, der du herauskommst aus der Erde und herbeikommst, um Ägypten Nahrung zu spenden. Der die Fluren bewässert und geschaffen ist, um alles Vieh zu ernähren. Der die Wüste tränkt, die fern vom Wasser ist. Der Gerste macht und Weizen schafft. Der die Speicher

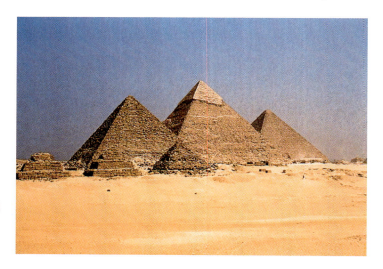

Die Pyramiden von Gizeh gehören zu den sieben Weltwundern. Die kleinen Pyramiden im Vordergrund wurden für Königinnen und Prinzessinnen errichtet.

füllt und die Scheunen weit macht, der den Armen etwas gibt. Für dich spielen wir auf der Harfe, und für dich singen wir.« – Mit diesem Lied dankten die Ägypter dem Nil, und weil er für sie lebenswichtig war, beobachteten sie ihn genau. Dabei stellten sie fest, dass das Hochwasser im Durchschnitt alle 365 Tage kam. Aus so vielen Tagen bestand für sie ein Niljahr, das sie in zwölf Monate mit je 30 Tagen unterteilten. Die fünf Tage, die übrig blieben, legten sie zwischen die Jahre. Damit führten die Ägypter um 3000 v. Chr. einen Kalender ein, der mit wenigen Änderungen bis heute auf der ganzen Welt verwendet wird.

Zu dieser Zeit gab es zwei Reiche am Nil, die um die Vorherrschaft kämpften: Oberägypten am Oberlauf und Unterägypten im Gebiet der Mündung. Nach der Überlieferung eroberte der oberägyptische König Menes um 3100 v. Chr. mit seinem Heer Unterägypten, gründete die Hauptstadt Memphis und wurde zum obersten Herrn aller Ägypter. Als »Pharao« war er nicht nur König, er wurde auch wie ein Gott verehrt und wie andere Götter angebetet. Er hatte unbegrenzte Macht, sein Wille war Gesetz. Für die Ausführung seiner Gesetze sorgten Beamte mit dem Wesir an der Spitze. Der Wesir war eine Art Regierungschef und oberster Richter in einem; damit war er nach dem Pharao der mächtigste Mann in Ägypten.

Um das große Reich mit etwa einer Million Einwohner zu verwalten und die Produktion und Verteilung von Lebensmitteln und Gütern zu organisieren, übernahmen die Beamten von den Sumerern die Schriftkunst, entwickelten jedoch ein eigenes System. Die Mischung aus Bildern und Zeichen nannte man später »Hieroglyphen«, das heißt »heilige Zeichen«. Anfangs wurden die Texte in Stein gemeißelt. Später stellten die Ägypter aus den schilfartigen Papyrusstauden eine Vorform des Papiers her und beschrieben es mit Rohrfeder und Tinte.

Von rechts nach links zu lesen, stehen hier zwei der Namen des Pharaos Haremhab in Ovalen, die man »Königsringe« nennt.

Wer schreiben, rechnen und lesen konnte, gehörte bei den Ägyptern zur höheren Gesellschaft. In der Hierarchie des Staates folgten auf den Wesir die hohen Beamten und Priester. Eine Stufe darunter, aber noch über den

Kaufleuten und Handwerkern, standen die einfachen Schreiber. Ganz unten in der Rangfolge lebte die große Masse der Bauern und Arbeiter, die 85 % der Bevölkerung ausmachten. Sie waren es, die Paläste, Tempel und Grabmäler für die Pharaonen bauten.

Die Pyramiden waren Symbole der Größe der darin begrabenen Pharaonen. So erklärt sich der Wettstreit um immer höhere, immer gewaltigere Pyramiden. Der Erbauer der größten, Pharao Cheops, herrschte um 2500 v. Chr. Er war kaum im Amt und noch ein junger Mann, als er schon sein Grabmal planen ließ. Weil es bei Gizeh, wo es stehen sollte, nur Wüstensand gab, mussten die dafür notwendigen Steinblöcke von weit entfernten Steinbrüchen herangeschafft werden, etwa zwei Millionen Stück, die bis zu drei Tonnen wogen. Sie wurden vom Steinbruch zum Nil geschleift und auf Schiffen nach Gizeh gebracht. Vom Ufer des Nils bis zum geplanten Standort der Pyramide musste erst eine Straße gebaut werden, was allein zehn Jahre dauerte. Der Bau der Pyramide selbst dauerte 23 Jahre. Aus den Resten der Handwerkersiedlung, die man später fand, lässt sich schließen, dass etwa 4000 Männer ständig an der Cheopspyramide gearbeitet haben. Dazu kamen jedes Jahr in den Monaten der Nilüberschwemmung zwischen 50 000 und 100 000 Bauern. Nur mit ihrer Körperkraft, Hebeln und Seilwinden türmten sie die Steinblöcke aufeinander, bis die Pyramide 146 Meter hoch war. Auf ihrer Grundfläche von 230 Metern im Quadrat hätten zehn Fußballfelder Platz.

Im Innern der Pyramide lag die Grabkammer für den Pharao, in der er nach seinem Tod vor allen möglichen Gefahren geschützt sein sollte. Das war notwendig, weil die Ägypter an ein Leben nach dem Tod glaubten. Für dieses Leben brauchte man jedoch seinen Körper. Damit der Körper des Pharao erhalten blieb, wurde er in einem aufwendigen Verfahren einbalsamiert und in mit Harz getränkte Leinenbinden gewickelt. Damit er sich auch im Jenseits wohlfühlte, legte man dem Pharao einen Teil seiner Schätze in die Grabkammer. Und natürlich auch Speisen und Getränke. Heute erscheint uns dieser Aufwand ungeheuer. Aber damals glaubten die Menschen, die Pharaonen würden aus dem Jenseits zum Wohle Ägyptens weiter wirken. Das war ihnen den Aufwand wert.

Die Kulturen der Sumerer und Ägypter sehen wir als die ersten Hochkulturen der Geschichte an. Die ägyptische bestand länger als jede andere. Erst nach mehr als 3000 Jahren, mit der Eroberung durch das griechische Heer unter Alexander dem Großen im Jahr 332 v. Chr., ging sie zu Ende.

7. Hochkultur am Indus

Östlich von Nil, Euphrat und Tigris entstanden in fruchtbaren Flusstälern die beiden frühen Hochkulturen Asiens: die Induskultur ab 2600 v. Chr. im heutigen Pakistan und die chinesische Kultur etwa 1000 Jahre später am Hwangho, dem Gelben Fluss.

Die Induskultur ist am wenigsten bekannt, ihre Schrift konnte bis heute nicht entziffert werden. Bei ihrer Erforschung sind wir allein auf Ausgrabungen angewiesen. Vermutlich handelte es sich um eine Mischung aus dörflicher Bauernkultur und städtischer Zivilisation. Die beiden ausgegrabenen Städte Harappa und Mohenjo-Daro gelten als politische, wirtschaftliche und geistliche Zentren. Sie wurden nach strengen Regeln angelegt, die wichtigsten Straßen verliefen parallel in Nord-Süd-Richtung. Als erste Städte besaßen sie eine Kanalisation. Es gab sogar schon Häuser mit Bad und Toilette. Über Leitungen wurden sie mit Wasser versorgt, die Abwässer flossen in Kanäle unter den Straßen. Beherrscht wurde das Stadtbild von der mächtigen Zitadelle, die auf einer künstlich erhöhten Plattform stand. Innerhalb der Mauern befanden sich die öffentlichen Einrichtungen der Stadt, darunter auch ein 54 x 32 Meter großes beheiztes »Hallenbad«. Auf dem Höhepunkt der Entwicklung um 2000 v. Chr. lebten bis zu 40 000 Menschen in den beiden Städten. Sie hatten Kontakt zu den Sumerern und trieben Handel mit ihnen und anderen Völkern Mesopotamiens. Ein wichtiges Handelsgut war Baumwolle, die im Industal erstmals angebaut und verarbeitet wurde.

Warum die Induskultur um 1500 v. Chr. zu Ende ging, ist nicht sicher geklärt. Die Wissenschaftler vermuten ökologische Ursachen, denn die Menschen der Induskultur verbrauchten viel Holz, und das extreme Abholzen ganzer Wälder blieb schon damals nicht folgenlos. Es kam zu verheerenden Überschwemmungen, die die

Das große Bad von Mohenjo-Daro. Es war teilweise überdacht und diente vermutlich der Waschung vor dem Gebet.

Menschen aus den Städten vertrieben. Den Todesstoß erhielt die alte Induskultur vermutlich durch Eindringlinge, die aus dem asiatisch-europäischen Grenzgebiet kamen. Diese so genannten Arier waren jahrhundertelang Richtung Süden gezogen, erreichten um 1400 v. Chr. Nordindien und unterwarfen die Eingeborenen. In einem tausendjährigen Prozess entwickelte sich eine neue indische Kultur und Lebensweise, deren Spuren bis in die Gegenwart reichen.

Die Arier lebten in Stammesverbänden. Das höchste Ansehen genossen die Priester und nach ihnen die Krieger. Unter den Kriegern standen die Bauern. Die besiegten Eingeborenen zählten anfangs nicht zum Stammesverband. Doch bald vermischten sie sich mit den Bauern. Später nannte man die verschiedenen Gruppen »Kasten«. Dieses Kastenwesen wurde im Lauf der Zeit zwar differenzierter – so kam zum Beispiel eine Kaste für Handwerker hinzu –, aber die Grenzen zwischen den Kasten blieben starr: Mitglied einer Kaste blieb man sein Leben lang, Krieger blieben Krieger, Handwerker blieben Handwerker und ihre Söhne folgten ihnen nach. Sie durften auch kein Mädchen aus einer anderen Kaste heiraten und nicht mit jemandem aus einer anderen Kaste befreundet sein. In manchen Gegenden Indiens hat sich daran bis heute kaum etwas geändert.

In einem ähnlich langen Prozess entwickelte sich aus den religiösen Vorstellungen der Arier und der Eingeborenen der Hinduismus zur Religion Indiens. Brahma gilt den Hindus als Schöpfer und höchster Gott, Wischnu als Beschützer und der sechsarmige Schiwa als Zerstörer. Im Zentrum des Hinduismus steht die Lehre des »Karma«, der Wiedergeburt. Danach durchlebt der Mensch mehrere Leben und kann in einem früheren Leben sogar ein Tier gewesen sein. Durch vorbildliches Verhalten und gute Taten innerhalb seiner Kaste kann er im nächsten Leben aufsteigen und in eine höhere Kaste hineingeboren werden. Dieser Glaube bewirkte, dass die große Masse der Hindus am Kastenwesen nie rüttelte, auch dann nicht, wenn sie mit ihrem Leben nicht zufrieden war.

Zum Kritiker des Hinduismus wurde ausgerechnet ein Königssohn, der von Luxus umgeben in prächtigen Palästen aufwuchs: Prinz Siddharta. Er wurde 560 v. Chr. geboren und sollte die Schattenseiten des Lebens eigentlich gar nicht kennen lernen. Das gehörte sich nicht für einen Prinzen. Erst als er schon verheiratet war und einen Sohn hatte, sah er Menschen, die krank, alt und gebrechlich waren; zum ersten Mal begegnete er dem Tod. Das erschütterte ihn so sehr, dass er dem schönen Leben entsagte. »Und ich zog noch in frischer Blüte, glänzend, dunkelhaarig, im Genusse glücklicher Jugend, im ersten Mannesalter, gegen den Wunsch meiner weinenden und klagenden Eltern, mit geschorenem Haar und Bart, mit fahlem Gewande bekleidet, vom Hause fort in die Hauslosigkeit hinaus.«

Sechs Jahre lang lebte er als Einsiedler, verzichtete auf alle Genüsse und dachte über Götter und Menschen, über Leben und Sterben nach. Dann kam ihm eines Tages die Erleuchtung: Die Menschen leiden, weil sie nicht bekommen, was sie sich wünschen. Um nicht von seinen Wünschen gepeinigt zu werden, muss man Herr

Eine Buddha-Statue aus dem ersten Jahrhundert nach Christus. Sie zeigt Buddha im typischen Lotussitz.

über sie werden und sich immer weniger wünschen, bis man wunschlos zufrieden ist. Wer dahin kommt, dass er nichts mehr begehrt, wird nach dem Tod nicht wiedergeboren; seine Seele findet ewige Ruhe im »Nirwana«, dem Vergehen in Nichts.

Als »Buddha«, der Erleuchtete, trat der ehemalige Prinz Siddharta vor die Menschen und predigte seine neue Lehre, den Buddhismus, der heute, wie der Hinduismus auch, zu den großen Weltreligionen zählt.

8. Ein riesiges Land

Wenn Astronauten auf ihren Flügen ins All längst keine Pyramiden, Paläste, Kirchtürme und Wolkenkratzer mehr erkennen können, sehen sie immer noch die Chinesische Mauer, das größte Bauwerk der Welt. Sie macht das zentrale Problem des riesigen Landes China sichtbar: sich nach außen abzusichern und im Innern eine Einheit zu werden – das war der Zweck der Mauer.

Schon beim Übergang vom Nomadenleben zur sesshaften Lebensweise gab es in China große zeitliche Unterschiede. Am Hwangho lebten die Menschen schon seit 4000 v. Chr. in Dörfern und kleineren Städten, als aus dem Landesinnern noch immer räuberische Nomaden kamen und die Dorf- und Stadtbewohner überfielen. Das Leben in China war überhaupt selten friedlich. Zwischen den vielen kleinen Stadtstaaten gab es immer wieder Kriege. Selbst als der erste König der Shang-Dynastie nach langen Kämpfen um 1500 v. Chr. ein erstes zusam-

Die Chinesische Mauer. Sie ist das einzige Bauwerk, das noch aus dem Weltraum zu erkennen ist.

menhängendes Reich gründete, brachte das nicht die erhoffte Ruhe. Die kleinen und mittleren Herrscher in den Regionen und Städten besaßen eigene Heere und kümmerten sich kaum um die Anordnungen eines fernen Königs. Der wiederum besaß nicht die Mittel, seinen Willen in dem großen Reich durchzusetzen. Daran änderte sich auch in den nächsten 1000 Jahren nichts.

In dieser Zeit lebten die meisten Chinesen als arme Bauern in weit verstreuten Dörfern. Sie hielten Hunde, Schweine, Ziegen, Schafe und Hühner und benutzten einfache Werkzeuge aus Stein und Holz. Wenn das Wetter und die umherziehenden Nomaden es gut mit ihnen meinten, hatten sie ihr Auskommen. Andernfalls drohten Hunger und Not.

Völlig anders sah das Leben in den Städten aus. Dort gab es wohlhabende Bürger, die in Holzhäusern wohnten und Kleider aus Leinen, Wolle und sogar schon aus Seide trugen. Dazu kleine Waffen und Schmuck aus Bronze. In den Städten entwickelte sich auch die chinesische Schrift, die sich im Wesentlichen bis heute erhalten hat.

Die Chinesen betreiben einen intensiven Götter- und Ahnenkult, weil sie glaubten, der Geist eines Menschen lebe nach seinem Tod weiter. Damit er bei den Göttern gut angesehen war und im Jenseits zum Wohle seiner Familie wirken konnte, musste er zu Lebzeiten Opfer bringen. Geopfert wurden Tiere, in seltenen Fällen aber auch Menschen.

Wie in Indien, so tauchte auch in China um das Jahr 500 v. Chr. jemand auf, der die Zustände im Land kritisierte: Konfuzius. Er war zwar kein Prinz wie Siddharta, aber immerhin der Sohn eines hohen Beamten. Selbst auch Beamter, wurde er im Alter von 35 Jahren aus dem Dienst entlassen, weil er zu offen aussprach, was seiner Meinung nach im Land nicht in Ordnung war – Querdenker waren der Obrigkeit schon vor zweieinhalbtausend Jahren ein Dorn im Auge. Dabei meinte Konfuzius es gut mit seinem Land. Er wünschte sich ein geeintes Reich mit einer starken Zentralgewalt ohne Kämpfe und Kriege untereinander. In diesem Reich sollten alle am staatlichen Leben teilnehmen und daran mitarbeiten, dass die Menschen in Frieden zusammenleben könnten. Seine Lehre, die er nur mündlich weitergab, handelt in erster Linie von diesem guten und friedlichen Zusammenleben. »Behandle jeden so, wie du selbst behandelt werden möchtest«, lautet einer seiner Kernsätze.

Konfuzius ging davon aus, dass die Menschen von Natur aus gut sind. Also musste man nur dafür sorgen, dass sie das auch bleiben konnten. In erster Linie galt es deshalb, die Lebensbedingungen in der Familie zu verbessern, denn dort mussten die Kinder den respektvollen und liebevollen Umgang miteinander lernen. Die Familie war für Konfuzius »die Wurzel der Menschlichkeit«. Und wie die Väter für ihre Familien, so sollten die Fürsten für ihre Völker Vorbilder im tugendhaften Leben sein.

Auf die Frage eines Schülers, wie man es mit den Göttern und Ahnen halten solle, antwortete Konfuzius, es sei wichtiger, sich um die Mitmenschen als um Götter und Ahnen zu kümmern.

1974 entdeckten Archäologen die Grabstätte des Kaisers Qin Shihuangdi, der um 200 v. Chr. starb. Fast 10 000 lebensgroße Tonfiguren, Soldaten mit Waffen und Pferden, hielten seither unterirdische Totenwache.

Der große Einfluss seiner Lehre auf die chinesische Kultur und Lebensweise geht auf die Han-Dynastie (206 v. Chr. – 220 n. Chr.) zurück. Der erste Han-Kaiser pilgerte zum noch heute erhaltenen Grab des Konfuzius und ließ in dessen Heimatort einen Tempel errichten. Von da an wurde Konfuzius wie ein Heiliger verehrt.

Von China aus hat sich der Konfuzianismus in ganz Asien verbreitet. Bis heute ist er dort eine der wichtigen Philosophien.

9. Grundlagen für die moderne Welt

Demokratie, Philosophie, Gymnasium, Bibliothek, Theater, Musik, Architekt, Mathematik, Biologie und Arzt sind Wörter, die wir ganz selbstverständlich benutzen, ohne uns über ihren Ursprung Gedanken zu machen. Sie stammen allesamt aus dem antiken Griechenland und deuten an, was uns »die alten Griechen« hinterlassen haben: die Grundlagen der Politik, Wissenschaft, Kunst und Literatur.

Wenn vom antiken Griechenland die Rede ist, darf man sich freilich keinen einheitlichen Staat vorstellen. Um 700 v. Chr. gab es in dem stark zerklüfteten Land viele Kleinstaaten, die in den fruchtbaren Ebenen am Fuße von Gebirgen, an der Küste und auf Inseln entstanden waren. Zentren dieser Kleinstaaten war eine Stadt, weshalb man von Stadtstaaten spricht. Die Griechen nannten einen solchen Stadtstaat Polis. Jede Polis war auf ihre Freiheit und Unabhängigkeit von anderen bedacht. Um die zu sichern, wurden Truppen aufgestellt, und häufig kam es zu Kriegen.

Zu den beiden führenden Städten entwickelten sich Sparta und Athen – allerdings auf verschiedenen Wegen. Im Süden der Halbinsel Peloponnes besiegte und besetzte Sparta mit seinen gut ausgebildeten Soldaten Stadt um Stadt und machte alle Nichtspartaner zu Sklaven. Die waren jedoch nicht bereit, ihr Sklavendasein für alle Zeiten klaglos zu erdulden. Es kam zu Unruhen und Aufständen. Um die zahlenmäßig weit überlegenen Sklaven in Schach zu halten, mussten fast alle männlichen Spartaner Soldat werden.

Auch als die aufständischen Sklaven geschlagen waren, blieben die Spartaner wachsam, das heißt, sie blieben Soldaten. Die Jungen wurden von klein auf zum Kämpfen erzogen. Mit sieben Jahren mussten sie das Elternhaus verlassen und ihre Ausbildung begann. Sie durften keine Schuhe und nur leichte Kleidung tragen – man härtete sie ab. Sie bekamen wenig zu essen, damit sie auch später mit wenig auskommen konnten. Wem es zu wenig war, der musste sich die zusätzliche Nahrung selbst besorgen – so wie die Soldaten im Krieg. Bestraft wurde nur, wer sich beim Stehlen erwischen ließ. Zu der vormilitärischen Ausbildung gehörten auch Mutproben und Wettkämpfe. So siegte beim Auspeitschen der Junge, der die meisten Schläge ohne Schmerzensschrei ertrug.

Mit solchen Soldaten wurde Sparta zur stärksten Militärmacht Griechenlands. Die kulturellen Leistungen der Spartaner aber blieben unbedeutend.

Auch im Herrschaftsbereich Athens auf der Halbinsel Attika gab es soziale Unruhen, weil hier die reichen adligen Landbesitzer die Bauern unterdrückten und ausbeuteten. Doch brutal wie die Spartaner wollten die Athener Bürger nicht reagieren. Wenn es nicht zu Aufständen wie in Sparta kommen sollte, musste dennoch etwas geschehen: Die Athener erfanden das Amt eines Schlichters, den beide Seiten akzeptieren konnten. Mit dem weisen Solon (um 640–561 v. Chr.) fanden sie dafür den richtigen Mann. Er bestimmte, dass der Landbesitz begrenzt werden sollte, damit die reichen Adligen nicht immer mehr Land hinzukaufen konnten. Verarmte Bauern, die zu Sklaven gemacht worden waren, wurden befreit. Bürger, die Schulden hatten, durften nicht mehr als Sklaven verkauft werden; außerdem wurden ihnen ihre Schulden erlassen. Die harten Strafgesetze, die sein Vorgänger Drakon (von ihm kommen die »drakonischen Strafen«) erlassen hatte, hob Solon auf. Sein folgenreichstes Gesetz aber war, dass in Zukunft nicht mehr ein »göttlicher« König oder eine kleine Gruppe von Adligen in Athen bestimmen sollte, sondern die Bürger selbst. Die sollten sich mindestens vierzig Mal im Jahr in der Volksversammlung treffen, um alle wichtigen Fragen der Polis zu diskutieren, Gesetze zu beschließen und über Krieg und Frieden zu entscheiden. Für die laufenden Regierungsgeschäfte war ein Rat vorgesehen, in den angesehene Bürger gewählt werden konnten. Über die Einhaltung der Gesetze wachte ein unabhängiges Volksgericht. Damit hat Solon eine völlig neue Herrschaftsform geschaffen. Man nannte sie Demokratie, »Volksherrschaft«.

Aus heutiger Sicht war die athenische Demokratie eine unvollständige, denn nur ein kleiner Teil des Volkes übte tatsächlich die Herrschaft aus: die freien Männer. Nur sie sind gemeint, wenn von Athener Bürgern die Rede ist. Frauen, denen nach herrschender (Männer-)Meinung die Fähigkeiten zum öffentlichen Mitreden fehlten und die ins Haus gehörten, blieben ebenso ausgeschlossen wie Sklaven und Metöken (so nannte man zugereiste Fremde). Für die damalige Zeit war diese Herrschaftsform dennoch sensationell fortschrittlich – die meisten Staaten auf der Erde waren noch zu Beginn des 20. Jahrhunderts nicht weiter.

Die Reformen Solons und seiner Nachfolger Kleisthenes und Perikles führten nicht nur zu einer neuen Herrschafts-, sondern auch zu einer neuen Lebensform – zumindest für die Bürger Athens. Für sie galt nicht mehr das Prinzip von Befehl und Gehorsam, sondern von Rede und Gegenrede. Wer andere überzeugen wollte, brauchte gute Argumente, die er geschickt vortragen musste. Mit diesem öffentlichen Nachdenken und Reden, bei dem eine Sache von allen Seiten beleuchtet wird, haben die Athener nebenbei die Philosophie erfunden. Sie befreiten das Denken aus der religiösen Abhängigkeit und machten es selbstständig. Nun waren neue Gedanken über Menschen und Götter, Himmel und Erde möglich. Zwischen 470 und 320 v. Chr. brachte Athen mit Sokrates, Platon und Aristoteles drei Philosophen hervor, die das westliche Denken bis in unsere Zeit geprägt haben.

Auch in Kunst und Architektur setzte Athen neue Maßstäbe. Die Tempel auf der Akropolis, die Statuen darin und auf den Athenischen Plätzen wurden zu Idealbildern abendländischer Bau- und Bildhauerkunst. Und schließlich stammen die ersten Werke der Weltliteratur von griechischen Dichtern: die Heldendichtungen Homers, »Ilias« und »Odyssee«, die Tragödien und Komödien von Aischylos, Sophokles und Euripides, die in jedem Frühjahr zu Ehren des Gottes Dionysos aufgeführt wurden und bis heute auf den Spielplänen der Theater überall in der Welt stehen.

Die Söhne der Bürger Athens waren die Ersten, die eine Schule in unserem heutigen Sinn besuchten. Ihre Schulzeit dauerte vom siebten bis zum vierzehnten Lebensjahr. Sie lernten Lesen, Schreiben und Rechnen und auch auf die musische Bildung wurde Wert gelegt. Jeder Junge sollte wenigstens Flöte oder Lyra, eine kleine Harfe, spielen können. Mit zunehmendem Alter wurden sie in der Kunst der Rede, der Rhetorik, unterrichtet und beschäftigten sich mit griechischer Literatur, vor allem mit Homers Heldensagen. Wichtige Stellen daraus lernten die Schüler auswendig. Nach dem 14. Lebensjahr stand die sportliche Ausbildung im Vordergrund. Sie fand im »Gymnasion«, einer Art Sportschule statt. Dort stand Gymnastik, Ringen, Boxen, Fechten, Laufen, Diskus- und Speerwerfen auf dem Stundenplan. Die körperliche

Die Tempelanlage auf der Akropolis war das religiöse Zentrum Athens. Links im Bild ist der Tempel der Göttin Athene zu sehen.

Ertüchtigung diente einerseits militärischen Zwecken, denn jeder Bürger war zu Verteidigung der Polis verpflichtet; andererseits sollten im Gymnasion Sporttalente gefördert werden. Denn wer zu den Besten gehörte und auch nach der Schulzeit fleißig trainierte, hatte die Chance, an den seit 776 v. Chr. alle vier Jahre stattfindenden Olympischen Spielen teilzunehmen. Das war für jeden griechischen Bürger die größte Ehre. Während der Spiele durfte keine Polis gegen eine andere Krieg führen; es sollte Frieden herrschen, damit die besten Männer aus ganz Griechenland sich im sportlichen Wettstreit messen konnten. Die Sieger wurden gefeiert und zu Hause wie Helden empfangen. Sie mussten keine Steuern mehr zahlen, wurden lebenslang auf Kosten der Polis, der sie zu Ruhm verholfen hatten, verpflegt und erhielten einen Ehrenplatz im Theater. Sportliche Höchstleistungen haben sich also damals schon gelohnt.

10. Das erste Weltreich

Das Wahrzeichen Roms ist eine Wölfin, an deren Zitzen zwei Knaben saugen. Das Bild geht zurück auf eine Sage: Danach wurde Rom 753 v. Chr. von den Zwillingen Romulus und Remus gegründet, die als Säuglinge ausgesetzt und von einer Wölfin aufgezogen worden waren. In Wirklichkeit entstand Rom wohl weniger spektakulär. Heute nimmt man an, dass Bauern, Hirten und Fischer seit etwa 800 v. Chr. auf den Hügeln am Ufer des Tibers in kleinen Siedlungen lebten. Aus diesen bescheidenen Anfängen wuchs in den folgenden 300 Jahren eine große und reiche Stadt, die wie das ganze nördliche Italien von den Etruskern beherrscht wurde, dem ersten Kulturvolk Italiens.

Um 510 v. Chr. lehnten sich die Römer gegen die Etrusker auf und stürzten den verhassten König. Wie die Athener, so wollten auch die Römer nicht mehr von einem König regiert werden; andererseits erschien ihnen auch die Demokratie für ihre Zwecke nicht das Richtige. Sie entschieden sich für einen Mittelweg: Sie wählten eine Stadtregierung, den Magistrat, mit zwei Konsuln an der Spitze. Die Amtszeit der Konsuln betrug nur ein Jahr und keiner von beiden konnte ohne Zustimmung des anderen Entscheidungen treffen. So sollte verhindert werden, dass ein Einzelner zu mächtig wurde. Aber die eigentliche Macht lag ohnehin beim Senat, einer Versammlung, der ausschließlich und auf Lebenszeit Männer der reichen, vornehmen Familien, die »Patrizier«, angehörten. Die Männer des einfachen Volkes, die »Plebejer«, durften zwar bei Volksversammlungen sprechen, Gesetze mitbeschließen und den Magistrat mitwählen, aber in Rom zählten nicht alle Stimmen gleich. Ein ausgeklügeltes Wahlsystem sorgte dafür, dass die wohlhabenden Römer immer die Mehrheit besaßen und alle Entscheidungen in ihrem Sinne fällen konnten.

Marmorstatue eines vornehmen Römers. Er präsentiert stolz die Büsten seiner Vorfahren.

Die römische »res publica«, das heißt die »gemeinsame Sache des ganzen Volkes«, war also mehr eine Sache der Reichen für die Reichen. Weil die Plebejer damit auf Dauer nicht einverstanden waren, kam es immer wieder zu Konflikten. Im Lauf der Zeit erhielten sie zwar mehr Rechte, aber an den grundsätzlichen Machtverhältnissen änderte das nichts.

Dennoch waren die Plebejer stolz auf ihren Staat. Dazu trug vermutlich das fortschrittliche römische Recht bei, das schon um 450 v. Chr. auf zwölf Tafeln öffentlich verkündet wurde. Es schützte alle Bürger vor Willkür und gewährte ihnen Rechtssicherheit. Ohne ordentliches Gerichtsverfahren und ohne Schuldbeweis durfte niemand bestraft werden. Das erscheint uns heute selbstverständlich. Für die damalige Zeit war es revolutionär. Das römische Rechtswesen wurde später zum Vorbild für viele Rechtsordnungen überall auf der Welt.

Den neuen Herren Roms reichte es bald nicht mehr, dass ihre Stadt nur eine unter vielen war. Rom sollte die erste Stadt in Italien werden. Dieses Ziel wurde mit Hilfe eines starken Heers angestrebt. Krieg um Krieg vergrößerte Rom sein Herrschaftsgebiet, bis es um 270 v. Chr. fast ganz Italien mit etwa drei Millionen Menschen beherrschte. In der Regel durften die eroberten Städte im Innern selbstständig bleiben und ihre Lebensgewohnheiten weitgehend beibehalten, ebenso ihre jeweilige Religion. Sie mussten an Rom jedoch Abgaben bezahlen und im Kriegsfall Truppen zur Verfügung stellen. Durch diese »lockere Besatzung« verhinderten die Römer, dass es zu Aufständen kam. Außerdem ging es den Menschen unter römischen Gesetzen und der effizienten römischen Verwaltung oft besser als zuvor.

Als Rom Italien bis zur Südspitze beherrschte, griff es auch nach Sizilien. Damit geriet es in Konflikt mit dem nordafrikanischen Karthago, das zu der Zeit die größte See- und Handelsmacht des westlichen Mittelmeerraumes war. 264 v. Chr. begann eine Reihe von erbitterten und verlustreichen Kriegen, darunter die so genannten »punischen«, an deren Ende im Jahr 146 v. Chr. Karthago vollständig zerstört wurde. Nun waren Sizilien und alle Gebiete, die zu Karthago gehört hatten (darunter Sardinien, Korsika, Spanien und Teile Nordafrikas), römische Provinzen. Und noch immer gaben die Römer keine Ruhe. Sie wollten auch Griechenland und die anderen Staaten des östlichen Mittelmeeres unter ihre Herrschaft bringen, was sie in weniger als zwanzig Jahren schafften. Von da an nannten sie das Mittelmeer »Mare Nostrum«, Unser Meer.

Von den vielen Eroberungen Roms profitierten vor allem die Patrizier. Sie teilten die Kriegsbeute unter sich auf, sie erhielten Kriegsgefangene, die sie als Sklaven für sich arbeiten lassen oder verkaufen konnten. Der römische Geschichtsschreiber Sallust warf den Patriziern »Habsucht ohne Maß und Grenzen« vor: »Jeder nahm, raffte und raubte sich, was er wollte.« So wurden die Reichen immer reicher, während die Plebejer leer ausgingen oder wie die Bauern sogar ärmer wurden, obwohl sie die Hauptlast der vielen Kriege getragen hatten. Immer wieder hatten sie als Soldaten kämpfen müssen. Unzählige waren dabei krank, verletzt, verstümmelt worden oder gar nicht mehr nach Hause gekommen. Oft waren die Höfe verfallen oder verschuldet und wurden von Großgrundbesitzern billig aufgekauft. Und selbst wenn heimgekehrte Bauern in Zwischenkriegszeiten ihre Höfe bewirtschaften konnten, waren sie nicht mehr konkurrenzfähig. Die landwirtschaftlichen Großbetriebe produzierten mit den eingesetzten Sklaven immer mehr und immer billiger, so dass die Bauern ihre Waren nicht mehr verkaufen konnten und verarmten. Viele zogen in die Städte, weil sie dort ein besseres Leben erhofften. Aber im Handwerk und in den großen Gewerbebetrieben arbeitete man lieber mit Sklaven, die keinen Lohn erhielten. Als Besitzlose – »proletarii« – ohne Arbeit mussten die ehemaligen Bauern täglich ums nackte Überleben kämpfen und wurden zum ersten städtischen Proletariat in der Geschichte.

Diese Entwicklung fanden selbst manche Patrizier nicht in Ordnung. Zu ihnen gehörten die Brüder Gracchus, die den Grundbesitz und das Vermögen von Einzelnen begrenzen wollten und eine Bodenreform forderten, damit die verarmten Bauern mit ihren Familien wieder ein Auskommen hatten. Doch die Senatoren waren gegen jede Reform. Sie sahen in den Brüdern Gracchus Volksverhetzer, die die Ordnung im Staat gefährdeten. Als Tiberius Gracchus im Jahr 133 v. Chr. auf einer Volksversammlung sprach, wurde er zu Tode geprügelt und mit ihm 300 seiner Anhänger. Zwölf Jahre später musste auch sein Bruder Gaius sterben und mehr als 3000 seiner Gefolgsleute wurden hingerichtet. Die Spaltung der Bürger Roms in zwei Lager aber konnte der Senat damit nicht verhindern. Gewalttaten und Bürgerkriege gehörten in den nächsten siebzig Jahren zum politischen Alltag. Der Geschichtsschreiber Sallust notierte dazu: »So wurde alles in zwei Parteien auseinander gerissen; die Republik aber ging zwischen beiden zugrunde.«

Aus einem dieser Bürgerkriege stieg der erfolgreiche Feldherr Gaius Julius Caesar im Jahr 45 v. Chr. als Triumphator empor. Der Senat ernannte ihn zum Diktator auf zehn Jahre, wenig später auf Lebenszeit. Formal war Rom zwar immer noch eine Republik, in Wirklichkeit regierte Caesar jedoch als Alleinherrscher – allerdings nicht lange, denn schon nach einem Jahr wurde er von Senatoren mitten in einer Sitzung ermordet.

Um Caesars Nachfolge und um das künftige politische System gab es wieder jahrelange Auseinandersetzungen. Schließlich gewann Caesars Adoptivsohn Octavian die Oberhand und wurde im Jahr 27 v. Chr. vom Senat zum »ersten Bürger im Staat« ernannt. Man verlieh ihm den Titel »Imperator«, das heißt oberster Befehlshaber des Heeres und den Ehrentitel Augustus, »der Erhabene«. Dazu kam, da er der Erbe Caesars war, dessen Name. Aus Caesar wurde später der Titel »Kaiser«.

Augustus hatte aus Caesars Schicksal gelernt. Er demonstrierte seine Macht nicht, sondern behandelte Senat

Portraitbüste von Gaius Julius Caesar (100 – 44 v. Chr.)

und Volksversammlung so, dass deren Mitglieder in der Überzeugung arbeiten konnten, sie würden in Rom bestimmen, und die Republik funktioniere wieder. Aber als Herr über das römische Heer und über die Staatskasse konnte nichts gegen Augustus' Willen entschieden werden. Die römische »res publica« wurde zu einer Monarchie, in der die Macht letztlich in der Hand des Kaisers lag.

Augustus nutzte diese Macht während seiner langen Regierungszeit nicht nur auf politischem, sondern auch auf kulturellem Gebiet. Ganz besonders interessierte er sich für die Literatur, holte Dichter an seinen Hof und ermöglichte ihnen ein sorgenfreies Leben. Mit Vergil, Horaz und Ovid erreichte die römische Literatur im ersten Jahrhundert nach Christus ihren Höhepunkt. Herausragender Philosoph jener Zeit war Seneca, in der Geschichtsschreibung setzten die Historiker Livius und Tacitus für lange Zeit Maßstäbe.

Seine größte Ausdehnung erreichte das römische Reich um 120 nach Christus. Alle Staaten rund um das Mittelmeer, dazu ganz Gallien (das spätere Frankreich), Germanien bis zum Rhein und ein großer Teil Britanniens, der Balkan und das Schwarze Meer samt Kleinasien waren römisch. Zumindest die klugen Kaiser wussten, dass so ein Riesenreich nicht nur mit Waffengewalt regiert werden konnte. Deswegen durften die verschiedenen Völker ihre Sitten und Bräuche weitgehend beibehalten. Allerdings galt im gesamten Reich römisches Recht, es wurde mit römischen Münzen bezahlt und es sollten die römischen Götter verehrt werden, wobei Letzteres am wenigsten streng kontrolliert wurde. Die beiden Hauptsprachen waren Latein und Griechisch, mit denen man sich überall verständigen konnte. Dadurch wurde der Handel sehr erleichtert. Außerdem hatte Rom schon früh gute Straßen gebaut, um seine Truppen möglichst schnell bewegen zu können. Dieses Straßennetz kam dem aufblühenden Handel zugute. Ähnliches gilt für die Schifffahrt und die Häfen, die nun für friedliche Zwecke ausgebaut wurden.

So eigenartig es klingen mag, die römischen Provinzen profitierten enorm von der Besetzung und erlebten einen beispiellosen Aufschwung. Städte wurden gebaut und ausgebaut, ihr Zentrum war das Forum, ein großer, von Gebäuden umgebener Platz, auf dem politische Versammlungen und Gerichtsverhandlungen stattfanden. Auch Werkstätten, Läden, Gasthäuser und öffentliche Bäder gehörten zum Stadtbild. Manche Gebäude und Wasserleitungen (Aquädukte) sind heute noch erhalten und zeugen von der römischen Baukunst.

Die Mächtigen und Reichen wohnten in großen, bestens ausgestatteten Villen, die an ein öffentliches Wasser- und Abwassersystem angeschlossen waren und sogar Bäder und Fußbodenheizung besaßen; sie ließen sich von ihren Sklaven bedienen und konnten das Leben in vollen Zügen genießen. Das einfache Volk hatte wenig zum Genießen. Bauern, Arbeiter und ihre Frauen mussten hart arbeiten, um auch nur das Nötigste zu erwirtschaften. In den Städten waren die Mieten oft so hoch, dass sich viele Familien nur ein Zimmer in großen Mietskasernen leisten konnten. Trotzdem waren die meisten Menschen im Großen und Ganzen zufrieden, jedenfalls gab es in den ersten 250 Jahren der Kaiserzeit keine nennenswerten Unruhen, Aufstände oder gar Bürgerkriege wie im Jahrhundert zuvor. Da die römischen Kaiser seit Augustus – von wenigen Ausnahmen abgesehen – keine Eroberungskriege mehr führten, erlebten die Menschen eine rund 200 Jahre dauernde Friedenszeit. Man spricht in diesem Zusammenhang von der »Pax Romana«, dem römischen Frieden.

Das Ende dieser Friedenszeit und des Römischen Reiches wurde durch schwache Kaiser, innere Schwierigkeiten und Angriffe von außen eingeleitet. Dazu gehörte unter anderem, dass sich vom Nahen Osten her die Lehre von Jesus Christus im Mittelmeerraum verbreitete und auch im Römischen Reich immer mehr Anhänger fand. Vor allem für einfache Menschen war die neue Botschaft attraktiv, bot sie doch Trost im Diesseits und versprach ein besseres Leben im Jenseits. Aber Rom hatte seine alten Götter, wollte von einem neuen Gott nichts wissen und verfolgte die Christen.

Im Jahr 284 teilte Kaiser Diokletian das Reich in vier Regionen mit vier Herrschern auf, um es so besser regieren und verteidigen zu können. Aber bald begannen die Herrscher mit ihren Heeren sich gegenseitig zu bekriegen, wodurch das Reich als Ganzes noch mehr geschwächt wurde. Erst Konstantin der Große schaffte es noch einmal, die vier Regionen zu vereinen. Um im Reich mehr Ruhe zu haben, erklärte er 313, dass »die Religionsfreiheit nicht verwehrt« sein dürfe, und erlaubte den Christen, ihre Religion frei auszuüben. Damit wollte Konstantin sie für sich gewinnen und tatsächlich wurde unter seinem Schutz das Christentum zur führenden Religion des Römischen Reiches. Und Konstantin traf eine weitere folgenreiche Entscheidung: 324 machte er Byzanz, das in Konstantinopel umbenannt wurde, zur neuen Hauptstadt des Reiches. Sie lag strategisch günstig am Bosporus und bildete eine Klammer zwischen Ost und West. Konstantin ließ in seiner Stadt prächtige Gebäude und Anlagen errichten und verknüpfte die römische Herrschaftsordnung mit christlicher Lehre und griechischer und orientalischer Kultur. Konstantinopel wurde zur wichtigsten Stadt des Reiches und der Osten übertraf den Westen bald an wirtschaftlicher und kultureller Bedeutung. Zum einigenden Band im Reich sollte das Christentum werden; der Kaiser übernahm die Funktion des Schutzherrn über die christliche Kirche.

Der oberste Bischof von Konstantinopel, der »Patriarch«, unterstellte sich dem Kaiser, der Bischof von Rom aber war dazu nicht bereit. In Glaubensfragen beanspruchte er für die Kirche und sich selbst das letzte Wort. Dabei berief er sich auf den Apostel Petrus, der als Stellvertreter von Jesus Christus gewirkt, die Kirche von Rom gegründet und seinen Nachfolgern in Rom die Führung der Christenheit übertragen habe. Der Kaiser im fernen Konstantinopel ließ ihn gewähren, und mit der Zeit wurde der Bischof von Rom, der später den Titel »Papst«

(Vater) erhielt, als Führer der Kirche im Westen weithin anerkannt. Nachdem Rom als Hauptstadt des Reiches abgelöst worden war und an Bedeutung verloren hatte, war es nun auf dem Weg zur Hauptstadt der Christenheit. Im östlichen Teil des Reiches entwickelte sich eine eigene Kirche, die »griechisch-orthodoxe«. Ihr Oberhaupt war der Kaiser, der als Vertreter Gottes galt und auf Bildern mit einem Heiligenschein dargestellt wurde.

So wie die noch junge Christenheit gespalten wurde, wurde auch das alte Römische Reich im Jahr 395 erneut geteilt. Der westliche Teil wurde von germanischen Stämmen immer wieder angegriffen und so geschwächt, dass der Zerfall nicht mehr aufzuhalten war. Im Jahr 476 wurde der letzte Kaiser abgesetzt und das Weströmische Reich hörte auf zu existieren. Das Oströmische, Byzantinische Reich überdauerte trotz vieler Angriffe und Schwächungen noch weitere 1000 Jahre. Seine Künstler und Gelehrten bewahrten dabei das antike Erbe, das im Westen allmählich in Vergessenheit geriet.

11. Zwei neue Religionen: Christentum und Islam

»Es begab sich aber zu der Zeit, dass ein Gebot von dem Kaiser Augustus ausging, dass alle Welt geschätzt würde.« So beginnt die Weihnachtsgeschichte mit der Geburt eines Kindes im Stall zu Bethlehem. Bethlehem lag in Palästina, einer römischen Provinz, und der Kaiser ordnete eine Volkszählung an, weil er wissen wollte, wie viele Untertanen er hatte. Die in Palästina lebenden Juden lehnten die römische Besatzung ab und verabscheuten deren Vielgötterei. Sie glaubten lange schon – und als erste – an nur einen Gott, den sie Jahwe nannten. Und sie hofften, er werde einen »Messias« schicken, den Erlöser des jüdischen Volkes, des Volkes Israel, der es auch von der römischen Herrschaft befreien würde.

Nach der biblischen Geschichte interessierte sich der im Stall geborene Jesus von Nazareth schon früh für religiöse Fragen. Er war »voller Weisheit, und Gottes Gnade war bei ihm«, heißt es in der Bibel. Schon mit zwölf Jahren soll Jesus im Tempel mit Lehrern diskutiert haben, die sich über sein Verständnis und seine Antworten wunderten. Als Jesus ungefähr dreißig Jahre alt war, lernte er den Prediger Johannes kennen und fing bald selbst zu predigen an. Alle Menschen seien Gottes Kinder und der Vater im Himmel habe alle gleich lieb, egal was sie seien oder getan hätten. Gottes Liebe sei unendlich, und wer seine Sünden bereue, dem werde vergeben. Jesus redete nicht so kompliziert wie die jüdischen Priester und Schriftgelehrten, sondern in der Sprache der einfachen Menschen; und er kleidete Gottes Gebote in Geschichten über Bauern und Fischer, ungehorsame Söhne und verlorene Schafe, so dass selbst Kinder ihn verstehen konnten. Nach den Berichten der Bibel gewann Jesus schnell viele Anhänger, vor allem unter den Armen und Schwachen. Sie nahmen auch seine Lehre vom Reich Gottes, das bald kommen werde, begierig auf. Denn in diesem Reich sollten Friede und Gerechtigkeit herrschen und alle Menschen als Brüder und Schwestern in Liebe miteinander leben.

Jesus' Auftreten und seine Lehre waren eine Provokation für die jüdischen Priester, aber auch für die römische Obrigkeit. Er wurde beschimpft und verspottet und musste für die Verbreitung seiner Überzeugungen sterben. Der römische Statthalter Pontius Pilatus verurteilte ihn zum Tod am Kreuz. Seine Anhänger, allen voran die zwölf »Jünger«, die Jesus' Schüler gewesen waren, verkündeten später, er sei von den Toten auferstanden und in den Himmel aufgefahren. Für sie war er Gottes Sohn und der lang ersehnte Messias, das heißt Christus, was so viel wie Erlöser bedeutet. Sie verbreiteten seine Botschaft weiter und machten das Christentum trotz vieler Anfeindungen und Verfolgungen zu einer Weltreligion.

Die Judenheit erkannte Jesus nicht als den Messias an. Sie blieb bei ihrer alten Religion, die wir auch »mosaisch« nennen. Die Ursprünge von Christentum und Judentum aber sind dieselben. Das Alte Testament haben beide Religionen gemeinsam.

Etwa 570 Jahre nach Jesus wurde in der arabischen Wüstensiedlung Mekka ein Junge geboren und Mohammed genannt. Nach dem frühen Tod seiner Eltern arbeitete er für arabische Kaufleute, zog mit deren Karawanen umher und lernte auf diese Weise fremde Städte und Menschen unterschiedlichen Glaubens kennen. Was er dabei von Juden und Christen über ihren einen Gott hörte, beeindruckte den jungen Mohammed am meisten. Er dachte viel nach und kam zu der Überzeugung, dass es tatsächlich nur einen wahren Gott geben könne, den er Allah nannte. Zwischen seinem dreißigsten und vierzigsten Lebensjahr zog sich Mohammed häufig in eine Berghöhle nahe bei Mekka zurück, um zu meditieren. Eines Morgens, so berichtete er, sei ihm der Engel Gabriel erschienen und habe ihm offenbart, er sei auserwählt, den Willen Allahs, des einzigen wahren Gottes zu verkünden. Dieser ersten Offenbarung seien weitere gefolgt und nach anfänglichen Zweifeln begann Mohammed den Menschen in Mekka die empfangene Botschaft zu verkünden: Es gibt nur einen Gott, nämlich Allah, und ich, Mohammed, bin sein Prophet.

Anfangs wollten nur wenige die neue Botschaft hören. Mohammed musste sogar um sein Leben fürchten und floh mit seinen Anhängern im Jahre 622 nach Medina. Mit dieser Flucht, die auf arabisch »Hedschra« heißt, beginnt die islamische Zeitrechnung. In Medina gewann Mohammed schnell viele Anhänger, von denen er nicht nur als religiöser, sondern auch als politischer Führer, als »Imam«, anerkannt wurde. Hier führte er den Brauch ein, in Richtung Mekka zu beten. Sieben Jahre nach seiner Flucht hatte Mohammed so viele Mitkämpfer, dass sie nach Mekka marschieren konnten, wo der Prophet im Triumph einzog.

Bis zu seinem Tod im Jahre 632 gelang es Mohammed, alle arabischen Stämme für seine Lehre zu gewinnen. Diese Lehre ist in einem Buch, dem Koran, aufgeschrieben und wird Islam genannt, was »Ergebung in Gottes Willen«, »Hingabe an Gott« bedeutet. Der Koran ist die »heilige Schrift« des Islam. Er regelt das Leben der Gläubigen sehr genau und bis in den Alltag; er schreibt die Gebete ebenso vor wie die Häufigkeit und die Art und Weise, in der gebetet wird, gibt Speise- und Fastenvorschriften und belegt verbotene Handlungen und Verbrechen mit genau beschriebenen Strafen.

Zwischen Judentum, Christentum und dem Islam gibt es viele Gemeinsamkeiten. Der entscheidende Unterschied besteht darin, dass der Islam nicht nur eine religöse Gemeinschaft innerhalb weltlicher Staaten sein will. Der Koran bestimmt eben nicht nur das religiöse, sondern das gesamte Leben. Religion und Politik, Kirche und Staat, religiöses und weltliches Leben gehören untrennbar zusammen. Wie streng diese Lehre befolgt wird, das bestimmt bis heute den Charakter islamischer Gesellschaften und Staaten. Sie können tolerant sein – und waren es in der Geschichte oft –, aber auch autoritär und unduldsam.

Jerusalem, Stadt der heiligen Stätten des Judentums, des Christentums und des Islam. Sie könnte ein Symbol des Friedens zwischen den Religionen sein, doch immer wieder wurde und wird um sie erbittert gestritten.

Nach Mohammeds Tod übernahm der »Kalif« als sein Stellvertreter die Herrschaft. Und in den folgenden hundert Jahren eroberten die Araber den Nahen Osten, zogen über Ägypten und den Norden Afrikas bis nach Spanien, Portugal und Frankreich. Was sie ihren Gegnern so überlegen machte, waren der feste Wille, ihre Religion auszubreiten, und der Glaube daran, dass der Tod im Kampf um diese Ausbreitung unmittelbar ins Paradies führe.

In der arabisch dominierten Welt traf deren eigene Kultur mit der griechischen, persischen und indischen zusammen. Das führte im »Morgenland«, wie man die orientalische Welt auch nennt, zu einer kulturellen Blüte. Wichtige Werke aus Dichtung und Wissenschaft wurden ins Arabische übersetzt, Kenntnisse anderer Kulturen, der griechischen etwa, wurden übernommen und weiterentwickelt. So zum Beispiel in der Mathematik, wo die Araber das Zehner-System und eine neue Schreibweise der Zahlen einführten, mit der wir heute noch rechnen. Im Gegensatz zu den alten Griechen, die durch Nachdenken zu Erklärungen über die Welt gekommen waren, führten arabische Wissenschaftler praktische Versuche – Experimente – durch und gewannen auf diese Weise neue Erkenntnisse in der Physik und Chemie. Sie berechneten die Bahn der Sonne, des Mondes und der Planeten schon recht genau und bewiesen, dass die Erde keine Scheibe, sondern eine Kugel ist. Das war für die Seefahrt von großer Bedeutung. Auch auf medizinischem Gebiet wurden sie führend, entdeckten die Heilkraft vieler Pflanzen, entwickelten Medikamente und führten Operationen durch. Dafür bauten sie in den Städten die ersten Krankenhäuser. Nicht zuletzt haben wir der arabischen Welt eines der schönsten Bücher zu verdanken: die wunderbaren Märchen und Geschichten, die Scheherazade dem Sultan »Tausend und eine Nacht« lang erzählt, um ihr Leben zu retten.

Heute ist der Islam eine der großen Weltreligionen, der mehr als eine Milliarde Menschen angehören.

12. Die Karolinger

Nach dem Zerfall des Weströmischen Reiches im fünften Jahrhundert beherrschten germanische Stämme weite Teile Europas. Da sie untereinander keineswegs einig waren, kam es zwischen ihnen häufig zu Kriegen. Dabei gelang es dem gerissenen und skrupellosen Frankenfürst Chlodwig, mit seinen Soldaten immer mehr Gebiete zu erobern, bis er um 500 König des großen Frankenreichs war, aus dem später Frankreich, Deutschland und die Benelux-Länder hervorgingen. Chlodwig nahm den christlichen Glauben an, ließ sich taufen und verlangte das auch von seinen Untertanen. Damit war das Christentum zwar die offizielle Religion im Frankenreich, aber die heidnischen Sitten und Bräuche lebten noch über 200 Jahre neben der christlichen Lehre fort. Die endgültige Christianisierung wird dem zu Beginn des achten Jahrhunderts wirkenden Mönch und späteren Bischof Bonifatius zugeschrieben.

Zu jener Zeit saß ein Nachfahre Chlodwigs aus dem Geschlecht der Merowinger auf dem fränkischen Thron, der mit Mühe die Reden halten konnte, die man ihm zuvor eingetrichtert hatte. An seiner Stelle regierte praktisch der höchste Beamte im Reich, der »Hausmeier« Karl Martell. Der erfuhr im Sommer 732, dass es einem großen arabischen Heer gelungen war, über die Pyrenäen in das Frankenreich einzudringen. Er marschierte den Arabern mit seiner Armee sofort entgegen, schlug sie im Oktober 732 bei Tours und Poitiers und drängte sie über die Pyrenäen zurück. Damit war die weitere Ausbreitung des Islams gestoppt; er blieb die Religion des Morgenlandes. Karl Martell wird deshalb auch »Retter des Abendlandes« genannt.

Karl Martells Sohn Pippin war nun der Meinung, wer an Stelle des Königs die Regierungsarbeit mache, solle auch selbst König werden. Mit Zustimmung des Papstes verbannte er den letzten Merowinger König Childerich III.

in ein Kloster, ließ sich von den Adligen zum neuen König ausrufen und begründete damit die Herrschaft der Karolinger. Um diese Herrschaft zusätzlich abzusichern, holte sich Pippin den Segen des Papstes und ließ sich von den Bischöfen des Reiches mit geweihtem Öl salben. Damit verknüpfte er erstmals in der Geschichte des Frankenreiches Politik, Religion und Kirche in einer Weise, die für europäische Könige und Kaiser bis ins 20. Jahrhundert zum Vorbild wurde. Seit Pippin erhoben sie den Anspruch, ihr Amt von Gott zu haben und nach göttlichem Recht zu handeln.

Im Jahr 771 wurde Pippins Sohn Karl Alleinherrscher über das Frankenreich. Von Anfang an war es sein Ziel, alle germanischen Stämme in einem Reich zu vereinen. Nach der Unterwerfung der Bayern und der Langobarden in Oberitalien fehlten nur noch die heidnischen Sachsen. Die wehrten sich 32 Jahre lang mit allen Mitteln, wurden schließlich aber doch besiegt und mussten den christlichen Glauben annehmen. Damit hatte Karl sein Ziel erreicht. Als er am Weihnachtsabend des Jahres 800 vom Papst in Rom zum »Kaiser der Römer« gekrönt wurde, gab es nach Jahrhunderten wieder ein »Weströmisches« Kaiserreich. Karl sah sich als Nachfolger der großen römischen Kaiser und gleichzeitig als weltlicher Führer der Christenheit. Bald wurde er »der Große« genannt, und das sicherlich zu Recht, denn er war nicht nur ein erfolgreicher Kriegsherr, sondern auch ein großer Förderer von Wissenschaft, Kunst und Literatur. In seinen Residenzen, »Pfalzen« genannt, verkehrten bedeutende Gelehrte, Theologen, Dichter und Baumeister.

Neben den Pfalzen wurden Klöster zu Zentren des geistlichen und geistigen Lebens. Es gab sie im christlichen Abendland, seit der Heilige Benedikt von Nursia im frühen sechsten Jahrhundert die ersten Gemeinschaften von Männern gegründet hatte, die ganz für ihren Glauben leben wollten. Karl der Große förderte die Klöster. Er ließ Kloster- und Domschulen einrichten, in denen Kinder von freien Bauern und Handwerkern in Religion,

Lesen, Schreiben und Rechnen unterrichtet wurden. Er betrieb, so könnte man sagen, eine fortschrittliche Bildungspolitik. Und er kümmerte sich mehr als andere Könige um die Sorgen und Nöte des einfachen Volkes, das in dieser Zeit ein armseliges Leben führte.

Als Karl der Große 814 in seiner Lieblingspfalz Aachen starb, hinterließ er das mächtigste Reich in Europa, das

Das prächtige Gemälde von Karl dem Großen malte Albrecht Dürer 1512. Ob der Kaiser wirklich so ausgesehen hat, wusste der Künstler ebenso wenig wie wir. Doch darauf kam es ihm auch nicht an; er wollte Karl in seiner herrschaftlichen Größe darstellen.

dem Oströmischen, Byzantinischen Reich gleichgestellt war und sich vor keiner anderen Macht fürchten musste. Karls Sohn Ludwig der Fromme hatte freilich nicht annähernd das Format seines Vaters und konnte das große Reich nicht zusammenhalten. Schon zu Ludwigs Lebzeiten stritten seine drei Söhne um das Erbe. Lothar, der älteste, erklärte den Vater sogar einmal für abgesetzt und wollte selbst Kaiser werden. Das passte den beiden jüngeren gar nicht, die sich daraufhin gegen ihren Bruder verbündeten. Nach dem Tod Ludwigs erhielt jeder Sohn etwa ein Drittel des Reiches. Anfangs hielten alle drei Söhne noch an der Einheit fest, aber in Wirklichkeit war die Aufteilung der Anfang vom Ende des Karolingischen Reiches. Als Lothars Geschlecht ausstarb, fielen große Teile seines Drittels an Ost- und Westfranken. Die Grenze zwischen den beiden Frankenreichen teilte den Kernbereich Europas in zwei Hälften. Als die ostfränkischen Stammesfürsten 936 den Sachsen Otto I. zu ihrem König wählten, begann die deutsche Geschichte; aus Westfranken wurde später Frankreich.

13. Oben und unten und ganz unten

Im Lauf der Jahrtausende entstanden viele mächtige Reiche, die früher oder später wieder zerfielen. Denn oft war es leichter, ein großes Reich zusammenzuerobern als zu sichern und zu verwalten. Wenn ein Herrscher das für eine längere Zeit schaffen wollte, musste er sich etwas einfallen lassen. Von den Pharaonen bis zu den römischen Kaisern gab es ganz unterschiedliche Versuche, wie wir gesehen haben.

Karl der Große ging auch auf diesem Gebiet eigene Wege und schuf auf der Grundlage germanischer Traditionen eine neue Herrschafts- und Sozialstruktur, die für das gesamte Mittelalter richtungsweisend wurde.

Zur Sicherung und Verwaltung des Reiches war der Kaiser auf Hilfe angewiesen. Er suchte sich also treue Gefolgsleute, die man »Vasallen« nannte, und belohnte sie für ihre Dienste. Der Lohn bestand nicht etwa aus Geld, sondern aus Landgütern einschließlich der dort lebenden Bauern. Die bekamen sie allerdings nicht geschenkt, sondern nur geliehen. Solche Landgüter nannte man »Lehen«; die Vasallen waren Lehensmänner des Kaisers. Weil im frühen Mittelalter noch die Vorstellung galt, dass alles Land dem Kaiser gehöre, konnte er großzügig Lehen vergeben. Viele waren so riesig, dass die Lehnsmänner davon kleine Lehen an so genannte Untervasallen abgeben konnten. Und selbst die konnten wieder Vasallen haben.

Mit der Zeit bildete sich eine Lehnsordnung heraus, die genau festlegte, wer wessen Lehnsherr sein durfte, welche Pflichten und Rechte Lehnsherr und Vasall hatten. Beide schwuren sich gegenseitig einen Treueeid: »Deine Feinde sind meine Feinde, deine Freunde sind meine Freunde. Ich will dir allzeit treu zugetan und gegenwärtig sein, wenn du mich brauchst.«

Ursprünglich war das Lehen an die Person des Vasallen gebunden und fiel nach seinem Tod wieder an den Lehnsherr zurück. Aber nach und nach schlich sich im ostfränkischen Reich der Brauch ein, Lehen an die Erstgeborenen weiterzugeben; irgendwann wurde dieser Brauch anerkannt und damit geltendes Recht. So wurden Lehen erblich und der Verfügungsgewalt des Kaisers entzogen, was langfristig zu seiner Schwächung und zur Stärkung der höchsten weltlichen und geistlichen Herren des Reiches führte. Hier liegt eine Ursache dafür, dass im Deutschen Reich die Landesfürsten immer sehr mächtig waren und die Entwicklung zu einem Staat mit starker Zentralgewalt lange verhindern konnten. Man nennt Deutschland zu Recht auch »die verspätete Nation«.

Die mittelalterliche Ordnung beruhte in weiten Teilen Europas auf dem Lehensprinzip. Weil das lateinische Wort für Lehen »feudum« heißt, sprechen wir von einer Feudalordnung. Diese Ordnung glich einer Pyramide, in der es verschiedene Stockwerke beziehungsweise »Stände« gab. Über allen thronte der Kaiser. Unter ihm standen die weltlichen und geistlichen Reichsfürsten, die ihre Lehen direkt vom Kaiser erhalten hatten. Zusammen mit den übrigen Adligen, Bischöfen und Äbten bildeten sie den ersten Stand. Darunter kamen Ritter, Beamte, wohlhabende Bürger und Handwerker. Ganz unten standen die hörigen und leibeigenen Bauern. Die »Hörigen« gehörten zum Land, das sie bearbeiteten. Sie durften nicht wegziehen, aber der Lehnsherr durfte sie auch nicht vom Hof vertreiben oder verkaufen, denn sie waren nicht sein Eigentum. Anders war es bei den »Leibeigenen«, die nicht als Personen, sondern wie die Sklaven als Sachen galten und nicht besser behandelt wurden als das Vieh. »Der Bauer und sein Stier, sind zwei grobe Tier« und »Der Bauer ist an Ochsen Statt, nur dass er keine Hörner hat«, hieß es bei den höheren Ständen verächtlich. Dabei lebten letztlich alle von der Arbeit der Bauern – und die meisten gar nicht schlecht. Die Bauern mussten ihren Herren einen Teil der Ernte und regelmäßig Fleisch, Käse, Milch, Eier und Gemüse abliefern.

Holzschnitt von 1492. »Du bete inständig! Du schütze! Du arbeite!«, weist er den Ständen ihre Aufgaben zu.

Außerdem mussten sie »Frondienste« leisten, das heißt ohne Lohn auf Wiesen, Feldern und in den Wäldern ihrer Herren arbeiten. Sie mussten Wege anlegen, Brücken bauen und beim Bau von Burgen und Schlössern mithelfen. Die Bauern selbst lebten in einfachen Häusern oder Hütten aus Holz, Zweigen und Lehm. Wohnraum und Stall waren zwar getrennt, lagen aber meistens unter einem Dach. Zu essen gab es hauptsächlich Suppen, Brei, Käse und Brot.

Das Leben der Kinder unterschied sich kaum von dem der Erwachsenen. Kindheit im heutigen Sinn gab es nicht. Von klein auf hatten die Kinder Arbeiten in Haus und Hof zu übernehmen. Sie wurden sehr früh verheiratet, Mädchen oft schon mit 13 Jahren, Jungen mit 18 bis 20. Ehepaare bekamen durchschnittlich sechs bis acht Kinder, von denen selten mehr als zwei übrig blieben. Frauen starben oft bei der Geburt eines Kindes, und selbst wenn das nicht passierte, wurden die meisten nicht alt, weil die vielen Schwangerschaften und die schwere Arbeit sie schwächten und für Krankheiten anfällig machten.

Die große Mehrheit der Menschen führte also ein beschwerliches Leben in Armut und Unwissenheit. Daran änderte sich jahrhundertelang so gut wie nichts. Noch 1620 ließ der Dichter Grimmelshausen seinen 13-jährigen »Simplicissimus« sagen, er habe von einem Gott im Himmel ebenso wenig gewusst wie von einer Welt hinter dem Bauernhof. Er ging davon aus, dass er mit seinen Eltern und dem Hausgesinde »allein auf Erden sei, weil mir sonst kein Mensch noch einzige andere Wohnung bekannt war, als diejenige, darin ich täglich aus und ein ging... Ich war nur in Gestalt ein Mensch und mit dem Namen ein Christenkind, im übrigen aber nur eine Bestia!«

14. Millenniumwechsel

Zum Jahreswechsel 1999/2000 wurden in aller Welt Millenniumfeste gefeiert, als breche nun ein neues Zeitalter an. Aber weltgeschichtliche Ereignisse und neue Zeitalter richten sich nicht nach runden Zahlen. Für uns Menschen sind sie allerdings willkommener Anlass, wenigstens kurz innezuhalten, Bilanz zu ziehen, neue Vorsätze zu fassen – um dann meistens so weiterzumachen wie bisher. Dass die Menschen an Silvester 999 ähnlich viel Theater gemacht haben, ist kaum anzunehmen. Die meisten wussten wahrscheinlich nichts von einem Millenniumwechsel. Wir aber wollen die magische Zahl 1000 nutzen, um in einem großen Überblick festzuhalten, wie die Welt zu jener Zeit ausgesehen hat.

Ungefähr 260 Millionen Menschen bevölkerten damals die Erde, rund 65 Millionen davon lebten in China. Dieses große Land im Fernen Osten war auf technischem und kulturellem Gebiet weit fortgeschritten. In China wurden Seide und Porzellan hergestellt, dort kannte man auch schon den Buchdruck und konstruierte die erste Rechenmaschine; man nutzte die Wasserkraft, um Maschinen anzutreiben und erfand das Schießpulver. Über die so genannte Seidenstraße, die quer durch Asien bis nach Palästina führte, wurden Waren in viele Länder geliefert. Dabei kam es neben dem Handel auch zum Austausch von Gedanken. Chinas kleiner östlicher Nachbar Japan etwa orientierte sich in Regierung, Verwaltung, Kunst und Kultur ganz am »großen Bruder«.

Mit 80 Millionen Bewohnern war Indien das bevölkerungsreichste Land der Erde. Wie in China war die Ernährung so vieler Menschen schwierig. Erst mit der Umstellung auf zwei Ernten im Jahr war genügend Reis für alle vorhanden. Sonst lebten die Menschen in Indien um 1000 nicht viel anders als zu Buddhas Zeiten – bis die Araber kamen, den Einflussbereich des Islam auf Nordindien ausdehnten und den Buddhismus fast völlig verdrängten. Danach kämpften Muslime und Hindus um die Vorherrschaft, was Jahrhunderte später zur Teilung des Landes und zur Entstehung von Pakistan als selbstständigem Staat führte.

Das riesige islamische Reich aber war bald so groß, dass es die Kalifen nicht mehr zusammenhalten konnten. Es brach allmählich auseinander, ohne dass der islamische Glaube darunter gelitten hätte. Allerdings wurden die Araber von den Türken als Führungsmacht in der islamischen Welt verdrängt. Unter türkischem Druck wurde auch das Byzantinische Reich immer schwächer und schrumpfte auf das Gebiet um Konstantinopel zusammen.

Westeuropa war zu jener Zeit die unbedeutendste der zivilisierten Weltregionen. Das Römische Reich war untergegangen, nichts Vergleichbares an seine Stelle getreten. Das westliche Europa war erst auf dem Weg, aus dem Schatten der alten Kulturen und Mächte des Ostens zu treten.

Und Amerika? Dort gab es in der Mitte des Kontinents die über 3000 Jahre alten Kulturen der Mayas, Inkas und Azteken, die beeindruckende Bauwerke schufen, gute Astronomen und Mathematiker waren und einen sehr genauen Kalender besaßen. Doch die Dynamik, das Fort-

Tempelanlagen der Maya in Uxmal. Die Pyramide rechts wird »Tempel des Zauberers« genannt.

schrittstempo, das wir bei den asiatischen und europäischen Völkern sahen, finden wir bei ihnen nicht. Vielleicht fehlte dazu der Austausch mit anders lebenden, anders denkenden Nachbarn. Erst die europäischen Entdecker sollten daran etwas ändern – auf die denkbar grausamste Weise.

In Nord- und Südamerika lebten die Menschen um die Jahrtausendwende kaum anders als ihre spätsteinzeitlichen Vorfahren. Das gilt ähnlich auch für die Aborigines in Australien und die Bewohner des südlichen Afrika. Dagegen unterschied sich der islamisch dominierte Norden Afrikas kulturell, politisch und wirtschaftlich nur wenig von den Ländern östlich des Mittelmeers.

15. Wer soll der Höchste sein?

Karl der Große hatte die Klöster gefördert und sie, modern gesprochen, zu Bildungszentren gemacht. Bis zum elften Jahrhundert aber waren sie so »verweltlicht«, dass eine Gegenbewegung entstand. Ihr Ausgangspunkt war das Benediktinerkloster Cluny in Burgund. Dessen Mönche verlangten eine Rückkehr zu den Idealen des heiligen Benedikt, der von den Ordensbrüdern »ora et labora« – »bete und arbeite« – gefordert hatte. Doch nicht nur das Klosterleben sollte sich ändern; die Kritik der Mönche von Cluny meinte auch die Kirche insgesamt, der sie eine zu große Nähe zu weltlichen Dingen vorwarfen. Tatsächlich war die Verbindung zwischen geistlicher und weltlicher Herrschaft seit den Zeiten Karls des Großen immer enger geworden. Nun begann eine lange Auseinandersetzung um die Frage, wie das Verhältnis zwischen weltlicher und geistlicher Herrschaft geregelt werden sollte.

Im »Heiligen Römischen Reich deutscher Nation« regierten nach den Karolingern Kaiser aus den Geschlechtern der Ottonen und der Salier. Sie setzten als weltliche Herrscher ganz selbstverständlich Äbte und Bischöfe ein. Heinrich III., der von 1039 bis 1056 regierte, ging sogar noch weiter und setzte Päpste ab, mit denen er nicht einverstanden war. Das empörte viele Geistliche. Als er mit 39 Jahren starb und ihm sein minderjähriger Sohn Heinrich IV. auf den Thron folgte, sahen die Geistlichen ihre Chance gekommen. Sie setzten durch, dass der Papst ohne Einmischung des Kaisers von sieben Kardinälen gewählt wurde. Im Jahr 1075 verlangte der neue Papst Gregor VII. sogar noch mehr: Nur der Papst dürfe Bischöfe einsetzen. Der junge König aber wollte auf des Recht der Einsetzung – die »Investitur« – von Bischöfen nicht verzichten, denn das hätte seine Position geschwächt. Nachdem er sich mit seinen Vertrauten beraten hatte, erklärte er den Papst für abgesetzt. Der »bannte« darauf den König, das heißt, er schloss ihn aus der Kirche aus und löste seine Untertanen von ihrem Treueeid. Die Menschen konnten es kaum fassen: Ihr König im Bann wie ein Verbrecher; so etwas hatte es noch nie gegeben.

Es dauerte nicht lange, bis der Bann Wirkung zeigte. Viele Fürsten schlugen sich auf die Seite des Papstes, weil sie sonst selbst vom Bann bedroht gewesen wären. Außerdem hofften sie, ihre eigene Macht auf Kosten des Königs stärken zu können. Der Druck auf Heinrich wurde schließlich so stark, dass er sich auf den Weg nach Italien machte, um sich mit dem Papst zu versöhnen. Im Büßergewand trat der König in der Burg Canossa vor den Papst und bat um Vergebung – und als barmherziger Christ hatte Papst Gregor gar keine andere Wahl: Er musste den reuigen Sünder wieder in den Schoß der Kirche aufnehmen. Der schwere Weg Heinrichs, der zugleich ein kluger

Buchmalerei aus dem Jahr 1114. Heinrich IV. kniet vor dem Abt Hugo von Cluny und der Markgräfin Mathilda von Tuszien. Die beiden sollen bei Papst Gregor ein gutes Wort für ihn einlegen.

Schachzug war, ist als Canossagang in die Geschichte eingegangen.

Der Papst schien über den König triumphiert zu haben, aber es schien nur so. Heinrich wartete eine günstige Gelegenheit ab, dann zog er mit seinem Heer nach Rom, setzte einen Gegenpapst ein und ließ sich von ihm im Petersdom zum Kaiser krönen.

Schon Zeitgenossen war klar, dass der »Investiturstreit« auf diese Weise nicht beendet werden konnte. Aber es dauerte Jahrzehnte, bis sich beide Seiten aufeinander zu bewegten, zuerst in England und in Frankreich, dann auch im »Heiligen Römischen Reich«, wo 1122 mit einem Abkommen, dem »Wormser Konkordat«, ein Kompromiss gefunden wurde. Es legte die Zuständigkeiten und Rechte von geistlicher und weltlicher Herrschaft fest. Damit war ein wichtiger Schritt zu dem getan, was man später die Trennung von Kirche und Staat nennen sollte. Zugleich festigte das Abkommen die Stellung des Papstes als Oberhaupt der Christenheit.

16. Kriege im Zeichen des Kreuzes

Für die Menschen im Mittelalter standen Religion und Glaube im Mittelpunkt des Lebens – nicht zuletzt deshalb, weil sie hofften, für ihr mühseliges irdisches Leben im Paradies entschädigt zu werden. Dafür mussten sie nach den Geboten ihrer Religion leben. Wer das nicht immer schaffte, bat um Vergebung seiner Sünden und tat Buße. Viele Christen pilgerten dazu ins Heilige Land, nach Palästina und Jerusalem, wo Jesus gelebt und gelitten hatte. Die dort lebenden muslimischen Araber ließen die Pilger gewähren. Das änderte sich, als türkische Seldschuken 1071 das Gebiet eroberten. Sie beraubten und töteten viele Pilger. Mit der Zeit wurden sie sogar für das inzwischen kleiner gewordene Byzantinische Reich gefährlich. In seiner Not bat der Kaiser von Byzanz den Papst um Hilfe. Der rief im Jahr 1095 die Christen mit flammenden Worten zum Krieg gegen die Türken auf: »Ein verfluchtes Volk, ein gottloses Volk hat gewaltsam das Land der Christen überfallen und geplündert und gebrandschatzt ... Wir verkündigen allen, welche die Waffen gegen die Ungläubigen ergreifen, vollkommenen Erlass ihrer Sündenstrafen, und denen, die im heiligen Streit fallen, den Lohn des ewigen Lebens«.

Der Aufruf hatte eine gewaltige Resonanz, nicht nur beim Adel und den Rittern, an die er hauptsächlich gerichtet war, sondern auch bei Bauern, bei Handwerkern, ja sogar bei Frauen. Die Motive der »heiligen Krieger« dürften dabei sehr unterschiedlich gewesen sein; wahrscheinlich reichten sie vom einfachen Weglaufen vor schwierigen Lebensverhältnissen über die Hoffnung auf reiche Beute bis hin zum echten Glauben an die Erlösung. In ganz Europa wurden Heere zusammengestellt, und im August 1096 begann unter dem Zeichen des Kreuzes der

Der Papst ruft zum Kreuzzug auf und viele folgen. Buchmalerei aus dem 13. Jahrhundert.

Marsch nach Palästina. Drei harte Jahre später erreichte dieser erste Kreuzzug sein Ziel. Die christlichen Kreuzfahrer eroberten Jerusalem und richteten unter den dort lebenden Muslimen und Juden ein fürchterliches Blutbad an. Die Türken wurden aus dem Heiligen Land vertrieben, Kreuzfahrer, die nicht in ihre Heimat zurückkehren wollten, gründeten christliche Gemeinschaften, manche sogar eigene kleine Staaten. Weil sie von ihren muslimischen Nachbarn bedroht wurden, baten sie das Abendland immer wieder um Hilfe – weitere Kreuzzüge waren die Folge. Dennoch konnten die Kreuzfahrer nicht verhindern, dass Jerusalem und das Heilige Land schon um 1300 wieder in muslimischem Besitz waren.

Militärisch betrachtet waren die Kreuzzüge ein Misserfolg, trotzdem blieben sie für das christliche Abendland nicht folgenlos: Zum ersten Mal seit Jahrhunderten kamen die Westeuropäer wieder mit Kulturen in Berührung, die ihrer eigenen überlegen waren. Die meisten Kreuzfahrer kamen aus ländlichen Regionen; nun sahen sie imposante Städte mit mehrstöckigen, zum Teil prunkvollen Gebäuden, mit öffentlichen Badeanstalten, Krankenhäusern und Apotheken, prächtigen Moscheen, Bibliotheken und Schulen. Sie lernten Stoffe aus Samt und Seide, Töpfer- und Glaswaren und orientalische Gewürze kennen. Schon zur Zeit der Kreuzzüge nahm der Handel zwischen dem Morgen- und Abendland spürbar zu. Italienische Hafenstädte wie Venedig, Pisa und Genua wurden als Zentren dieses Handels reich und mächtig.

Neben vielen Waren kamen auch medizinische und naturwissenschaftliche Kenntnisse, das arabische Zahlensystem und nicht zuletzt das von den Arabern gepflegte antike Erbe nach Westeuropa. Überspitzt könnte man sagen, die Kreuzzüge haben das Gegenteil dessen bewirkt, was ihre Absicht war: Die Christen zogen aus, um das Heilige Land aus den Fängen von Menschen zu befreien, die man für primitive Heiden hielt. Dort angekommen mussten sie dann erkennen, dass diese Menschen kultivierter waren als sie selbst – die Christen konnten von den Muslimen lernen und nicht umgekehrt. Auf diese Weise hat das Abendland doch noch von den Kreuzzügen profitiert.

17. Vom Aufstieg der Städte

Noch heute erinnern viele Burgen und Burgruinen in ganz Europa an die längst vergangene Ritterzeit. Ritter waren urspünglich schwer gerüstete Reiter, die mit ihren Herren in die Schlacht zogen. Vor allem durch die Teilnahme an den Kreuzzügen, bei denen sie eine führende Rolle spielte, entwickelte die Ritterschaft ein ausgeprägtes Selbstbewusstsein. Sie schuf sich eine ganz eigene Lebensweise mit strengen Regeln. Danach hatten Ritter nicht für den eigenen Vorteil, sondern allein zum Schutz des Glaubens und der Gerechtigkeit zu kämpfen. Der wahre Ritter sollte den Schwachen und Bedürftigen helfen, zuverlässig, treu, edelmütig, großzügig und ohne Furcht und Tadel sein. Das hört sich in der Theorie schön an, doch da die Ritter keine Heiligen waren, konnten oder wollten nicht alle so leben – man braucht nur an die Raubritter zu denken.

Das Leben auf den Burgen war unbequem und ziemlich eintönig, vor allem im Winter. Abwechslung boten Turniere, Feste und die Minnesänger, die ihre Gedichte und Erzählungen mit Musikbegleitung vortrugen. Im Unterschied zu den geistlichen Dichtern, die die mittelalterliche Literatur bis dahin bestimmt hatten, dichteten die Ritter nicht in der Gelehrtensprache Latein, sondern in der Sprache des Volkes. So entstanden unter anderem in Frankreich die Romane über König Artus und seine Tafelrunde, in Deutschland das »Nibelungenlied«.

Die große Zeit des Rittertums ging im 13. Jahrhundert zu Ende. Gleichzeitig begann der Aufstieg der Städte und damit des Bürgertums. Ausschlaggebend dafür war der rasch zunehmende Handel. An den Kreuzungen wichtiger Handelswege, an Flussübergängen und Häfen, in der Nähe von Burgen und Klöstern entstanden überall neue Städte mit dem Marktplatz als Zentrum. Hier boten Kaufleute, Handwerker und Bauern ihre Waren an. Das durften sie allerdings nur, wenn sie an den weltlichen oder geistlichen Stadtherrn zuvor Gebühren entrichteten. Damit diese neue Einnahmequelle reichlich sprudelte, waren die Stadtherren daran interessiert, dass möglichst viele Kaufleute und Handwerker in ihre Stadt kamen. Die aber kamen nur, wenn sie gute Geschäfte, das heißt viele Käufer erwarten konnten. Also mussten die Stadtherren dafür sorgen, dass immer mehr Menschen in ihre Städte zogen. Sie erließen den neuen Bürgern – zumindest für eine gewisse Zeit – die Steuern und erlaubten ihnen, Beruf und Wohnung frei zu wählen und zu heiraten, wen sie wollten. Der Ruf »Stadtluft macht frei!« zog die Menschen massenweise in die Städte. Handwerk und Handel blühten auf und bald waren es reiche Handwerksmeister und wohlhabende Kaufleute, die das städtische Leben und die Stadtpolitik bestimmten. Nicht umsonst nannte man sie wie im alten Rom »Patrizier«.

Die städtische Freiheit hat allerdings nicht die Unterschiede zwischen Arm und Reich beseitigt. Es gab viele Mägde, Knechte, Handwerksburschen und dergleichen, die nicht mehr besaßen, als sie unbedingt zum Leben brauchten; genau betrachtet waren sie kaum freier als hörige Bauern. Und noch eine Gruppe von Menschen gab es, für die das Wort von der Stadtluft, die frei macht, nicht galt: die Juden. Sie waren im ersten und zweiten Jahrhundert nach Christus von den Römern aus ihrer Heimat vertrieben worden und lebten seitdem verstreut in aller Welt, in der »Diaspora«. Ihr Glaube, ihre Sitten und Gebräuche führten zu einem starken Zusammengehörigkeitsgefühl, machten sie jedoch nicht selten zu Außenseitern. In den mittelalterlichen Städten lebten sie in abgeschlossenen Wohnbezirken, den »Gettos«. Es gibt sogar eine Verordnung aus dem Jahr 1215, wonach sie sich durch eine besondere Kleidung kenntlich machen mussten. Man zwang sie, einen spitzen Hut zu tragen und einen gelben Fleck auf ihre Kleider zu nähen. Schon im Mittelalter kam es immer wieder zu Ausschreitungen gegen Juden, zu Verfolgungen und Mord.

Spitzer Hut und gelber Fleck auf der Kleidung. So mussten Juden ihre Religionszugehörigkeit sichtbar machen.

Die großen Gewinner dieser Zeit waren die Kaufleute, besonders jene, die Fernhandel betrieben. Sie häuften große Reichtümer an, bauten kleine Fabriken, »Manufakturen«, und gründeten schon im 14. Jahrhundert die ersten Banken, die gegen Zinsen Kredite vergaben. Manche dieser frühen »Kapitalisten« wie die Medici in Italien oder die Fugger in Deutschland wurden so reich, dass sie sogar Kaisern und Päpsten Geld leihen und dadurch auf die große Politik Einfluss nehmen konnten.

Mit dem Aufstieg der Städte eng verbunden ist die Entwicklung der mittelalterlichen Baukunst und die Entstehung der ersten Universitäten. Man baute Dome und Kathedralen, die neben den Marktplätzen mit den prächtigen Rathäusern bis heute die Stadtbilder überall in Europa prägen. Ebenso wichtig waren die ersten Universitäten, die zwischen dem zwölften und vierzehnten Jahrhundert in Bologna, Paris, Cambridge, Prag, Wien, Heidelberg oder Köln entstanden. In ihnen wurde nicht nur der rechte Glaube, sondern auch das wissenschaftliche Denken gelehrt. Das Mittelalter war eben nicht nur »finster«, wie spätere Zeiten es sehen wollten.

Dass man das Mittelalter als finster ansah, dazu trugen sicher viele Kriege bei, die immer neue Not und neues Elend über die Menschen brachten. So führten zum Beispiel England und Frankreich zwischen 1338 und 1453 den so genannten Hundertjährigen Krieg. Er war der längste und gilt als der törichteste der europäischen Geschichte, in dem es natürlich um Land und Macht ging, dessen eigentlichen Grund aber bald niemand mehr hätte nennen können. Er hat sich ins Gedächtnis Europas auch deshalb eingegraben, weil darin eine beinahe märchenhafte Figur eine Rolle spielte: das 17-jährige Bauernmädchen Jeanne d'Arc. Als die Engländer schon tief in Frankreich und kurz vor der Erstürmung der königlichen Residenz in Orleans standen, erschien sie

Jeanne d'Arc. Die Zeichnung stammt aus einem Gerichtsprotokoll.

beim König und erklärte, Gott habe sie zur Rettung Frankreichs geschickt. Sie wurde erst belächelt, doch dann schaffte sie es, den Franzosen wieder Mut zu machen und die Kampfmoral der Soldaten zu stärken. »Bevor sie kam, flohen 500 Franzosen vor 200 Engländern; nach ihrer Ankunft vermochten 200 Franzosen 500 Engländer zu schlagen und zu verjagen«, schrieb ein Chronist dazu. Tatsächlich gelang es den Franzosen, die Engländer aus ihrem Land zu vertreiben. Jeanne d'Arc selbst fiel den Engländern in die Hände, die sie der Ketzerei bezichtigten und am 30. Mai 1431 auf dem Scheiterhaufen verbrannten. Sie war vielleicht die ungewöhnlichste der vielen tausend Frauen, die in jener Zeit gefoltert und verbrannt wurden, weil sie angeblich Hexen waren und mit dem Teufel im Bunde standen.

Zu Kriegen und großer Armut, Kreuzzügen und Hexenverfolgungen kam als allerschlimmste Plage noch die Pest, der im 14. Jahrhundert etwa ein Drittel der Bevölkerung in Europa zum Opfer fiel. Dies alles hatten die Menschen des ausgehenden Mittelalters und der frühen Neuzeit im Sinn, wenn sie das vergangene Zeitalter »finster« nannten.

18. Ein neues Denken

Während die große Mehrheit der Menschen auch noch des 15. Jahrhunderts ihr Schicksal und den Zustand der Welt als gottgegeben hinnahm, versuchten vor allem Gelehrte und Künstler, sich von diesem überkommenen Weltbild zu befreien. Sie hatten zumindest eine Ahnung von besseren Zeiten. Dabei schauten sie jedoch nicht nach vorn, sondern erst einmal zurück in die Welt der Griechen und Römer, die ihnen heller als die eigene erschien. Das nun beginnende Zeitalter hat davon seinen Namen: »Renaissance«, was soviel wie Wiedergeburt bedeutet. Das mittelalterlich-christliche Menschenbild, wonach das Leben vor allem der Vorbereitung auf das Jenseits dient, galt nun nicht mehr. Man wandte sich dem Diesseits zu und rückte den Menschen in den Mittelpunkt des wissenschaftlichen und künstlerischen Interesses. Ausgehend vom antiken Denken wurde der Mensch nicht mehr nur als Teil eines Ganzen gesehen, sondern als ein Wesen, das seinen Zweck in sich selbst hat. Er sollte über sich und sein Leben selbst entscheiden und seine Fähigkeiten voll entfalten können. Als Voraussetzung dafür galt eine umfassende Bildung, die sich am antiken Vorbild orientierte. Dieses neue Denken entstand zuerst in Florenz und Venedig, wo die europäische Kultur am höchsten entwickelt war. Weil der Mensch im Mittelpunkt stand, spricht man vom »Humanismus«.

Die Humanisten gewannen ihre neuen Erkenntnisse nicht aus der Bibel, sondern indem sie den Menschen und die Natur genau beobachteten und erforschten. So auch der Italiener Leonardo da Vinci (1452–1519), der als Inbegriff des neuen, des Renaissance-Menschen gilt. Er schuf nicht nur Kunstwerke wie die berühmte »Mona Lisa« und »Das Abendmahl«, er war auch Bildhauer, Wissenschaftler, Architekt, Techniker und Erfinder. Man kennt von ihm sogar Pläne für Flugmaschinen. Er sezierte Leichen,

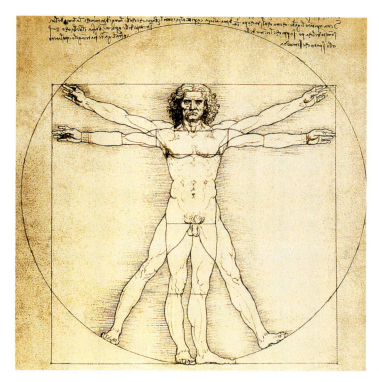

»Der Mensch« nannte Leonardo da Vinci diese Federzeichnung. Sie zeigt die idealen Proportionen des menschlichen Körpers.

weil er verstehen wollte, wie der Mensch gebaut ist und funktioniert, und dokumentierte, was er sah, in anatomischen Zeichnungen. Dabei war sich das Universalgenie Leonardo da Vinci seiner Verantwortung als Wissenschaftler und Erfinder so bewusst, wie man es sich von jedem Wissenschaftler wünschen möchte: »Ich weiß«, schrieb er, »wie man sich unter Wasser aufhalten und lange ohne Nahrung bleiben kann. Aber ich veröffentliche es nicht und erkläre es niemandem. Denn die Menschen sind böse und würden diese Kunst dazu verwenden, um auch auf dem Meeresgrund zu morden. Sie würden den Boden der Schiffe anbohren und sie mit allen Menschen, die darinnen sind, versenken.«

Würde man eine Aufstellung der großen Geister der Menschheitsgeschichte versuchen, wäre die Renaissance wie kein anderes Zeitalter vertreten. Leonardos Landsmann Michelangelo, der Maler und Bildhauer, Erasmus von Rotterdam, der große Humanist und Philosoph, Nikolaus Kopernikus, der Astronom, der entdeckte, dass die Erde ein Planet ist und wie die anderen Planeten um die Sonne kreist – sie alle lebten in dieser Zeit. Dass ihre neuen Gedanken und Erkenntnisse schneller verbreitet werden konnten als jemals zuvor, hatten sie der wohl wichtigsten Erfindung der Renaissance zu verdanken: dem Buchdruck. Um 1450 war es dem Mainzer Johannes Gutenberg erstmals gelungen, Bücher mit beweglichen Buchstaben aus Metall zu drucken. Das ging schneller und war billiger, als Bücher mit der Hand zu schreiben oder mit hölzernen Druckstöcken herzustellen. Nun konnten beliebig viele Exemplare eines Buches in gleicher Qualität angefertigt werden. Der französische Dichter Victor Hugo nannte Gutenbergs Erfindung später gar »das größte Ereignis der Weltgeschichte«.

19. Eine neue Welt

Die Renaissance war das Zeitalter der Wissenschaftler und Künstler, aber auch der Welterforscher und Seefahrer. Während des Mittelalters war man noch überwiegend an bekannten Küsten entlang gesegelt, aus Angst, am »Ende der Welt« könnte man erfrieren oder verbrennen, von Stürmen zerschmettert oder von Meeresungeheuern verschlungen werden. Solche Ängste gab es auch noch im 15. Jahrhundert, aber die Aufbruchstimmung der Renaissance ermutigte die Seefahrer. Sie waren voller Forscherdrang und Abenteuerlust. Freilich gab es auch handfeste wirtschaftliche Gründe, neue Seewege und Weltgegenden zu erforschen.

Im Jahr 1453 hatten die Türken das Byzantinische Reich endgültig besiegt und ausgelöscht, Konstantinopel in Istanbul umbenannt und zur Hauptstadt ihres neuen Osmanischen Reiches gemacht. Seither beherrschen sie den gesamten Mittelmeerraum und kontrollierten alle wichtigen Handelswege zwischen Europa und Asien. Sie verlangten von den Händlern hohe Zölle, was die begehrten Waren aus Indien und China teuer machte. Also suchte man beim Handel mit Ostasien das Osmanische Reich zu umgehen, was nur auf dem Seeweg möglich schien.

Das kleine Land Portugal im äußersten Westen Europas wurde zum Ausgangspunkt der Seefahrer auf der Suche nach neuen Wegen. Von hier aus wollten sie um Afrika herum nach Indien kommen. Jahr für Jahr segelten sie entlang der afrikanischen Westküste weiter nach Süden. Aber erst 1487 erreichte ein Schiff die Südspitze des Kontinents; Afrika war viel größer, als man bis dahin vermutet hatte.

Da hatte ein italienischer Seefahrer eine ebenso einfache wie geniale Idee: Wenn die Erde eine Kugel war, wie schon Aristoteles vermutet hatte, dann musste man nur immer nach Westen segeln, um irgendwann im fernen Osten zu landen. Mit dem aus China stammenden Kompass stand auch ein wichtiges Navigationsinstrument für ein so gewagtes Unternehmen zur Verfügung. Wie viele Menschen mit »verrückten Ideen« vor und nach ihm wurde Christoph Kolumbus (1451–1506) ausgelacht und verspottet. Jahrelang bat er beim König von Portugal um die nötigen Mittel für seine Expedition und versprach ihm dafür die Schätze Indiens. Weil der König seine Bittgesuche alle ablehnte, wandte sich Kolumbus schließlich nach Spanien. Auch dort wurde er nicht mit offenen Armen empfangen, konnte die Königin aber doch für sein Vorhaben gewinnen und erhielt so viel Geld, dass er drei Schiffe ausrüsten konnte. Am 3. August 1492 verließ Kolumbus mit 120 Mann Besatzung Spanien. Die Fahrt über das unbekannte Meer dauerte viel länger als er gedacht hatte. Seine Leute begannen an ihm zu zweifeln, ihre Angst wuchs von Tag zu Tag, sie wollten umkehren. Aber Kolumbus war überzeugt, dass sie früher oder später in Indien landen mussten, und trieb die Mannschaft weiter an. Am 12. Oktober 1492 hieß es endlich »Land in Sicht!« Kolumbus schrieb in sein Bordtagebuch: »Wir holten alle Segel ein und fuhren nur mit einem Großsegel ohne Nebensegel. Dann legten wir bei und warteten bis zum Anbruch des Tages, der ein Freitag war, an welchem wir zu einer Insel gelangten, die in der Indianersprache ›Guanahani‹ hieß.«

»Indianersprache« schrieb Kolumbus – er ging selbstverständlich davon aus, dass die Insel, an der sie gestrandet waren, zu Indien gehörte und nannte deren Bewohner »Indianer«.

In den folgenden zehn Jahren segelte Kolumbus noch dreimal Richtung Westen und war immer überzeugt, in Ostasien gelandet zu sein. Zum Andenken an seinen Irrtum werden die Inseln, die er entdeckt hat, noch heute Westindische Inseln genannt.

Auch andere segelten nach Westen, und bald wurde ihnen klar, dass Kolumbus keinen neuen Seeweg nach Indien, sondern eine neue, bisher unbekannte Welt entdeckt hatte. Nach dem Seefahrer Amerigo Vespucci wurde sie »Amerika« genannt.

Den Entdeckern folgten bald die Eroberer, und zwischen Spanien und Portugal kam es zum Streit, wem die »Neue Welt« gehören sollte. Schließlich wurde die Sache dem Papst vorgetragen. Der überlegte nicht lange, sondern ließ sich eine Karte der Neuen Welt geben und zog eine Linie von Nord nach Süd. Alles Land westlich der Linie sprach er Spanien zu, was östlich lag Portugal. Damit war der Streit – zumindest vorläufig – beigelegt.

Die Eroberer waren Abenteuerer, die allein von der Hoffnung auf reiche Beute nach Amerika getrieben wurden. Vor allem die Gier nach Gold ließ sie alle christlichen Tugenden vergessen und über Leichen gehen. Besonders schlimm trieb es der spanische Ritter Hernán Cortés mit seiner 500 Mann starken Truppe. Sie hatten von den Indios wundersame Geschichten über das sagenhafte Reich der Azteken gehört und machten sich auf die Suche danach. Die Indios versuchten sich zu verteidigen, aber wenn spanische Reiter erschienen oder gar eine Kanone abgefeuert wurde, flohen sie in panischer Angst. Sie hat-

So stellte sich Theodore de Bry in seiner »Geschichte Amerikas« von 1594 die Landung Kolumbus' auf Guanahani vor. Noch erscheinen die Ankömmlinge den Einheimischen als Gäste.

ten noch nie zuvor ein Pferd gesehen und noch keinen Kanonendonner gehört. Die übermächtigen Fremden hielten sie für Götter. Im November 1519 erreichten die Spanier die Hauptstadt des Aztekenreiches und trauten ihren Augen kaum: »Die große Stadt Tenochtitlan liegt in einem Salzsee. Ihre Hauptstraßen sind sehr breit und geradlinig; sie sind zur einen Hälfte feste Wege und zur anderen Hälfte Kanäle, auf denen die Kähne fahren... Die Stadt hat viele öffentliche Plätze, auf denen beständig Markt gehalten wird. Dann hat sie auch einen anderen öffentlichen Platz, rundum ganz mit Säulenhallen umgeben, wo sich täglich über 60 000 Seelen zusammenfinden: Käufer und Verkäufer von Lebensmitteln, Kleinodien aus Gold und Silber, Blech, Messing, Knochen, Muscheln, Hummerschalen und Federn. Es gibt Apotheken, wo man zubereitete Arzneien verkauft, Tränke und auch Salben und Pflaster. Es gibt Häuser, wo man für Geld Essen und Trinken verabreicht... Es gibt in dieser Stadt viele sehr gute und sehr große Häuser. Es gibt so viele vornehme Häuser, weil alle großen Herren des Landes und Vasallen des Montezuma ihre Häuser in der Stadt haben und dort eine gewisse Zeit des Jahres residieren; aber auch sonst gibt es viele reiche Bürger, die gleichfalls sehr schöne Häuser besitzen. Sie alle haben außer sehr schönen, großen Gemächern auch sehr hübsche Blumengärten... Das Volk dieser Stadt ist manierlich und geschickter in Kleidung und Dienstleistungen als das Volk der anderen Provinzen und Städte. Denn weil dort der Herr Montezuma beständig residiert und alle seine großen Herren sich immer dort einfinden, so ist da auch mehr Gesittung und Ordnung in allen Dingen.«

So berichtete Cortés dem spanischen König. Die Azteken hatten die Fremden gastfreundlich aufgenommen. Erst als die Spanier ihre Schätze stahlen und sie mit Gewalt zum Christentum bekehren wollten, kam es zum Kampf. Cortés nahm Montezuma als Geisel und verlangte von ihm, das Volk zu beruhigen. Doch während Montezuma sprach, kam es zum Aufruhr. Er selbst wurde

Hernán Cortés trifft auf Indios. Sie begegnen ihm freundschaftlich und überreichen Gastgeschenke.

von einem Stein getroffen und starb. Cortés konnte sich mit einem Teil seiner Leute retten und fliehen. Ein Jahr später kehrte er mit Verstärkung zurück, eroberte und zerstörte Tenochtitlan. Auf den Ruinen wurde die neue spanische Stadt »Mexiko« errichtet, mit einer riesigen Kirche auf dem Tempelplatz. Den anderen Städten erging es nicht besser und 1522 war das Aztekenreich zerstört. An seine Stelle trat das »Vizekönigreich Neuspanien« mit Hernán Cortés als Gouverneur.

Zehn Jahre später hörten die Spanier von einem Volk in Südamerika, das noch reicher sei, als die Azteken es gewesen waren. Die Inkas auf den Hochflächen der Anden waren tatsächlich reich. Ihr Reichtum beruhte auf Fleiß, Sparsamkeit und einer straffen Organisation des gesamten Lebens. Alles Eigentum gehörte dem Staat. Er stellte Pläne für die Landwirtschaft und den Bergbau auf, kontrollierte das Handwerk und legte die Verteilung von Gütern fest. Er versorgte auch Alte, Kranke und Schwache mit allem, was sie zum Leben brauchten. Mit einem modernen Begriff könnte man diesen Staat beinahe sozialistisch nennen. Er scheint nur besser funktioniert zu haben als die meisten Staaten, die sich in späterer Zeit so nannten.

Zur Verteidigung und Vergrößerung ihres Reiches unterhielten die Inkas eine schlagkräftige Armee, die den spanischen Eindringlingen überlegen war. Deshalb ver-

Menschen im Joch und wie Tiere an der Leine geführt – das Bild zeigt Portugiesen beim »Sklavenfang« an der Westküste Afrikas.

suchte es deren Anführer Francisco Pizarro mit einer hinterhältigen List: Er bat den Inkaherrscher zu einem freundschaftlichen Gespräch ohne Waffen und nahm ihn, als er darauf einging, trotzdem gefangen. Pizarro verlangte von den Inkas, einen großen Raum mit Gold zu füllen, wenn sie ihren Herrscher lebend wiederhaben wollten. Die Inkas brachten goldene Gefäße und Kunstgegenstände in riesigen Mengen, aber Pizarro hielt sein Wort nicht. Er ließ den Inkaherrscher töten. Der Tod ihres Herrschers und »Sonnengottes«, brach den Widerstand der Inkas, und die Spanier brachten das Land in ihre Gewalt.

Bald danach begann die rücksichtslose Ausbeutung der Neuen Welt. Neben neuen Früchten wie Kakao, Mais, Kartoffeln, Tomaten, Ananas und Tabak waren die Europäer vor allem an Gold und Silber interessiert. In den Bergwerken mussten die Indios unter so unmenschlichen Bedingungen arbeiten, dass viele elend zu Grunde gingen. Auch die von Europäern eingeschleppten Seuchen und Krankheiten wurden für die Indios zu tödlichen Gefahren. Man schätzt, dass in Mittel- und Südamerika vor der Entdeckung etwa 75 Millionen Menschen lebten. Um 1570 waren es noch acht bis zehn Millionen. Allein diese Zahlen machen deutlich, was die Europäer dort angerichtet haben. Doch das war noch nicht alles: Weil es bald nicht mehr genug Indios für die Arbeit auf den Feldern und in den Gold- und Silberminen gab, ging man in Afrika auf Menschenjagd, brachte die Gefangenen auf Schiffen nach Amerika und verkaufte sie dort wie Vieh.

Im 16. Jahrhundert, als Europa auf dem Weg aus dem finsteren Mittelalter in die helle Neuzeit war, schrieben europäische Eroberer in Südamerika und Afrika eines der dunkelsten Kapitel der Weltgeschichte. Beide Kontinente leiden bis heute darunter.

20. Die Spaltung der christlichen Kirche

Um 1500 gab es in Westeuropa nur eine christliche Kirche mit dem Papst in Rom als Oberhaupt. Diese Kirche war im Lauf der Zeit immer mehr verweltlicht; viele Kirchenfürsten waren mehr an Geld, Pracht und Macht als an der Lehre von Jesus Christus und am Seelenheil der Menschen interessiert. Der päpstliche Hof benötigte viel Geld für sein aufwändiges Leben, und als Papst Leo zu Beginn des 16. Jahrhunderts einen Dom bauen wollte, wie die Welt noch keinen gesehen hatte, mussten noch einmal zusätzliche Einnahmequellen erschlossen werden. Dabei half eine raffinierte Idee: der »Ablasshandel«. Der Papst schickte Prediger aus, die den Menschen erzählten, sie würden von ihren Sünden und den Qualen des höllischen Fegefeuers befreit, wenn sie dafür einen »Ablass« bezahlten.

Gegen dieses unchristliche Geschäft wandte sich am entschiedensten der deutsche Mönch und Theologieprofessor Martin Luther (1483–1546). Am 31. Oktober 1517 veröffentlichte er 95 Thesen, in denen er aus der Bibel begründete, dass die Ablassprediger sich entweder irrten oder den Leuten bewusst die Unwahrheit erzählten. »Ein jeder Christ, der wahre Reue und Leid empfindet über seine Sünden, hat die völlige Vergebung von Strafe und Schuld auch ohne Ablass, allein durch die Gnade Gottes«, schrieb er.

Viele Menschen waren begeistert, dass endlich jemand die Missstände in der katholischen Kirche öffentlich beim Namen nannte, und das in einer deutlichen, für alle verständlichen Sprache. Luther gewann schnell Anhänger, die, wie er, die Kirche reformieren wollten. Das gefiel den Kirchenfürsten natürlich nicht; der Papst verlangte von Luther, »den Irrtum zu widerrufen«, andernfalls werde er

Martin Luther (1483–1546). Das Gemälde Lukas Cranachs d. Ä. zeigt ihn als Augustinermönch.

aus der Kirche ausgeschlossen. Doch Luther ließ sich nicht beirren. Für ihn galten die Worte der Bibel mehr als die des Papstes, den er sogar einen »Antichristen« nannte.

Der Papst schickte Luther eine Bannandrohungsbulle, die der unter dem Jubel seiner Anhänger öffentlich verbrannte. Der päpstliche Botschafter notierte: »Ganz Deutschland ist in hellem Aufruhr. Für neun Zehntel ist das Feldgeschrei ›Luther‹, für die übrigen, falls ihnen Luther gleichgültig ist, wenigstens ›Tod der Römischen Kurie‹.«

Um dem Spuk ein Ende zu machen, lud Kaiser Karl V. den »widerspenstigen Mönch« 1521 vor den Reichstag zu Worms. Vor den hohen weltlichen und geistlichen Fürsten sollte er endlich widerrufen. Aber Luther blieb auch hier standhaft und wäre vermutlich als Ketzer auf dem Scheiterhaufen gelandet, wenn ihn der Kurfürst von Sachsen nicht beschützt und versteckt hätte.

Auch andere Fürsten schlugen sich auf Luthers Seite und verließen die katholische Kirche. Bald standen sich die beiden Lager unversöhnlich gegenüber, 1546 begann sogar ein Krieg zwischen ihnen. Im anschließenden »Augsburger Religionsfrieden« von 1555 wurde die lutherische Lehre und damit die neue, die »protestantische« Kirche als gleichberechtigt anerkannt. Jeder Fürst des Heiligen Römischen Reiches konnte von nun an entscheiden, welche Religion in seinem Land gelten sollte.

Die Reformation blieb jedoch nicht auf Deutschland beschränkt. In der Schweiz wurden der humanistisch gebildete Pfarrer Ulrich Zwingli (1484–1531) und der in Genf lebende Franzose Jean Calvin (1509–1564) zu treibenden Kräften. Vor allem Calvin entwickelte eine eigene Lehre, die deutlich von der lutherischen abwich. Er ging von der »Prädestination«, der Vorherbestimmung des menschlichen Lebens aus; »... denn nicht unter gleicher Bedingung werden alle geschaffen, sondern für die einen wird das ewige Leben, für die andern die ewige Verdammnis vorherbestimmt«. Ob jemand zu den von Gott Auserwählten zählt, wird nach der calvinistischen Lehre schon zu Lebzeiten eines Menschen sichtbar: Wem es gelinge, durch Fleiß und Sparsamkeit seinen Besitz zu vergrößern, dem winke das ewige Leben; wer das nicht schaffe, lande in der Hölle. Diese Vorstellung wurde zum Kern des Calvinismus. Heute gilt das Gewinnstreben, das er seinen Anhängern nahelegt, als eine wichtige Antriebskraft bei der Herausbildung des modernen Kapitalismus.

Von der Schweiz über einige süddeutsche Länder breitete sich Calvins Lehre auch in den Niederlanden, in Frankreich – wo man die Calvinisten »Hugenotten« nannte –, in Schottland und England aus. Die schottischen und englischen Calvinisten nannten sich »Puritaner«. Viele von ihnen wanderten später nach Amerika aus und hatten großen Einfluss auf die Entwicklung der Vereinigten Staaten.

21. Glaubenskriege in Europa

Die katholische Kirche versuchte auf verschiedene Weise, die Ausbreitung des Protestantismus zu verhindern. 1545 wurde ein Konzil einberufen, das in Trient 18 Jahre lang an der Erneuerung der katholischen Lehre und Kirche arbeitete. Glaubensgrundsätze wurden neu und klarer formuliert und gegen »Irrlehren« abgegrenzt. Rechte und Pflichten von Papst, Bischöfen und Priestern wurden genau festgelegt. Sie alle sollten wieder Diener Gottes und nicht machtgierige, genusssüchtige Fürsten sein, sie sollten sich mehr um die Gläubigen kümmern und vor allem für die Armen sorgen. Die katholische Kirche wollte das Vertrauen der Menschen zurückgewinnen und attraktiver werden. Dazu beitragen sollte auch der »Orden der Gesellschaft Jesu«, den der Spanier Ignatius von Loyola 1534 gegründet hatte. Die »Jesuiten« lebten nicht in der Abgeschlossenheit eines Klosters, sondern mitten unter den Menschen, wo sie als Lehrer an Schulen und Universitäten, als Berater und Beichtväter an Fürstenhöfen und als Missionare großen Einfluss gewannen. Man nennt die Zeit, in der sich auch die katholische Kirche reformierte, die Zeit der Gegenreformation. Tatsächlich kehrten bald viele Menschen zur katholischen Kirche zurück.

Aber es herrschte noch lange kein Frieden zwischen den beiden Religionen. In allen europäischen Ländern, in denen sich Protestanten und Katholiken gegenüberstanden, kam es immer wieder zu Auseinandersetzungen. In Frankreich wurde die Bartholomäusnacht am 24. August 1572 zum traurigen Höhepunkt. Katholische Fanatiker metzelten in dieser Nacht etwa 20 000 Hugenotten nieder. Doch auch hier war die neue Religion nicht auf Dauer zu unterdrücken. 1589 wurde mit Heinrich von Navarra zum ersten Mal ein Hugenotte König von Frankreich. Er musste zwar zum katholischen Glauben übertreten, aber

Ausschnitt eines Gemäldes von François Dubois, auf dem das schreckliche Massaker der Bartholomäusnacht dargestellt ist

im »Edikt von Nantes« gewährte er 1598 den Hugenotten Gleichberechtigung in seinem Land.

Im mächtigen Spanien regierte damals Philipp II., von dem es hieß, er sei noch katholischer als der Papst. Er ließ alle »Ketzer«, wie er die Andersgläubigen nannte, verfolgen, und wer den »Irrlehren« nicht abschwören wollte, wurde auf dem Scheiterhaufen verbrannt. Auch in den Niederlanden, die zu Spanien gehörten, wollte Philipp den Protestantismus mit allen Mitteln zurückdrängen. Doch unter der Führung Wilhelms von Oranien trotzten die Protestanten in den nördlichen Niederlanden den spanischen Herren zehn Jahre lang und erkämpften 1581 schließlich die Unabhängigkeit. Ihr Handeln rechtfertigten sie so: »Ein Volk ist nicht wegen des Fürsten, sondern ein Fürst um des Volkes Willen geschaffen, denn ohne das Volk wäre er ja kein Fürst. Er ist dazu da, dass er seine

Untertanen nach Recht und Billigkeit regiere. Behandelt er sie aber nicht so, sondern bloß wie Sklaven, dann hört er auf ein Fürst zu sein und wird ein Tyrann. Und so erklären wir denn jetzt den König von Spanien verlustig jedes Anspruchs auf die Herrschaft in den Niederlanden. Wir entbinden alle Amtsleute, Obrigkeit, Herren, Vasallen und Einwohner von dem einst dem König von Spanien geleisteten Eid des Gehorsams und der Treue.« Damit hatten die Niederländer als Erste ein Recht auf Widerstand formuliert, das später in viele Verfassungen einfließen sollte.

Doch Philipp II. gab seinen Feldzug gegen die Protestanten nicht auf. Er ließ die stärkste Kriegsflotte jener Zeit bauen und schickte diese »Armada« in Richtung England. Dort saß die Protestantin Elisabeth I. auf dem Thron, den ihr Maria Stuart, die katholische Königin von Schottland, streitig machte. Dass Elisabeth die Widersacherin gefangennehmen und hinrichten ließ, war ein Grund, weshalb Philipp gegen sie zu Felde zog. Sie hatte außerdem die Niederländer bei ihrem Kampf gegen Philipp unterstützt und verfolgte die Katholiken in ihrem Land. Philipp wollte England erobern und Elisabeth stürzen. Doch die großen, schwer beladenen spanischen Schiffe waren beim Kampf zu schwerfällig und den kleinen, schnellen englischen Schiffen unterlegen. Außerdem kam das stürmische Wetter den Engländern zu Hilfe. So gelang es ihnen 1588 die spanische Armada vernichtend zu schlagen. Philipp II. hatte seinen Kampf um die katholische Vorherrschaft in Europa verloren. Für England aber begann der Aufstieg zur größten See- und Kolonialmacht der Welt.

Auch in Deutschland verschärften sich zu Beginn des 17. Jahrhunderts die Gegensätze zwischen Katholiken und Protestanten und führten 1618 zum Dreißigjährigen Krieg. Anfangs ging es dabei wirklich noch um Religion und Glauben. Als aber die kaiserlich-katholischen Truppen unter ihrem Feldherrn Wallenstein das protestantische Norddeutschland erobert hatten und dessen Kirchengüter dem Reich einverleiben wollten, stellten sich auch katholische Landesfürsten gegen den Kaiser; er sollte nicht zu mächtig werden. Die Frage der Macht war den katholischen Fürsten wichtiger als die Glaubensfrage.

Auch als die Nachbarländer in den Krieg eingriffen, ging es in erster Linie um Machtfragen. Der schwedische König Gustav Adolf kämpfte mit seinem Heer zwar für die protestantische Sache; vor allem aber wollte er Norddeutschland von den Katholiken zurückerobern, um die schwedische Führungsrolle an der Ostsee zu sichern – und das katholische Frankreich unterstützte ihn dabei. Der Krieg war längst kein Religionskrieg mehr. Vielmehr hoffte Frankreich, ein zerstrittenes und vom langen Krieg geschwächtes Deutschland als Führungsmacht in Europa ablösen zu können, was ihm auch gelang.

Im »Westfälischen Frieden« vom Oktober 1648 wurde der Augsburger Religionsfrieden von 1555 bestätigt und um einen wichtigen Punkt ergänzt: Die Untertanen waren nicht mehr verpflichtet, die Religion der Obrigkeit anzunehmen. Die deutschen Landesfürsten wurden in diesem Frieden auf Kosten des Kaisers gestärkt. Deutschland musste Gebiete an Frankreich und Schweden abtreten, die Schweiz und die Niederlande wurden selbstständige Staaten. Hatte das Reich zu Beginn des Krieges etwa 17 Millionen Einwohner, so waren es am Ende noch ungefähr zehn Millionen. Und die lebten in einem verwüsteten Land, das Jahrzehnte brauchte, um sich von den sozialen und wirtschaftlichen Folgen des Krieges zu erholen.

Im 30-jährigen Krieg kannten die Soldaten kein Erbarmen, auch nicht gegenüber der Zivilbevölkerung.

22. China und Japan schotten sich ab

Europäische Eroberer versuchten auch im fernen Osten Einfluss und Macht zu gewinnen. Es gelang ihnen in kleineren Staaten und in Indien, nicht jedoch in China und Japan.

In China hatte sich das Leben seit Jahrhunderten kaum verändert. Die Dynastien wechselten von Zeit zu Zeit und schwache Kaiser wurden von starken abgelöst; manche von ihnen legten besonderen Wert auf ein schlagkräftiges Heer, mit dem sie das Reich vergrößern konnten, anderen war die Förderung von Wirtschaft und Handel wichtiger; manche regierten mit Terror und Gewalt, wieder anderen lagen Bildung und Kultur am Herzen.

Nur während der Ming-Dynastie zwischen dem 14. und 17. Jahrhundert wendete sich China für kurze Zeit nach Westen. Die Flotte wurde ausgebaut, erreichte 1431 die Ostküste Afrikas und war auf dem Weg nach Europa. Doch plötzlich gab es eine Wende in der Außenpolitik, die Expeditionen wurden eingestellt und China schottete sich für fast 500 Jahre von der westlichen Welt und westlichem Gedankengut ab. Noch im Jahr 1793 schrieb Kaiser Qian Long an den englischen König: »Ihr, o König, lebt jenseits von vielen Meeren, trotzdem habt Ihr, veranlasst durch Euren demütigen Wunsch, an den Segnungen unserer Kultur teilzuhaben, eine Gesandtschaft geschickt, die ehrerbietig Euer Schreiben überreichte. Wenn Ihr auch versichert, dass Eure Verehrung für unser himmlisches Herrscherhaus Euch mit dem Wunsch erfülle, Euch unsere Kultur anzueignen, so unterscheiden sich doch unsere Gebräuche und Sittengesetze so vollständig von den Euren, dass Ihr doch unmöglich unsere Sitten und Gebräuche auf Euren Boden verpflanzen könntet, selbst wenn Euer Gesandter imstande wäre, sich die Grundbegriffe unserer Kultur anzueignen ... Ich habe keine Verwendung für die Waren Eures Landes. Unser himmlisches Reich besitzt alle Dinge im Überfluss, und ihm mangelt nichts innerhalb seiner Grenzen. Deshalb besteht kein Bedürfnis, die Waren fremder Barbaren zum Austausch für unsere eigenen Erzeugnisse einzuführen. Da aber Tee, Seide und Porzellan, die das himmlische Reich erzeugt, unbedingte Notwendigkeit für europäische Völkerschaften und für Euch selbst sind, soll der beschränkte Handel, der bisher in meiner Provinz Kanton erlaubt war, weiter gestattet sein.«

Bis ins 18. Jahrhundert fühlte sich China dem Rest der Welt weit überlegen. Alle Versuche der Portugiesen, Holländer oder Engländer, in China dauerhaft Fuß zu fassen oder gar die Lehre des Christentums zu verbreiten, scheiterten. Die Beziehungen zu Europa beschränkten sich vorwiegend auf den Export von Porzellan, Seide, Baumwolle und Tee.

In Japan waren die Europäer erfolgreicher als in China. 1542 landeten die ersten portugiesischen Kaufleute, sieben Jahre später folgte ihnen der Jesuit Francisco de Xavier, um Japan zu christianisieren. Dabei konnte er mit seinen Mitstreitern beachtliche Erfolge erzielen; man spricht sogar von einem »christlichen Jahrhundert« der japanischen Geschichte. Das war nur möglich, weil die zahlreichen Provinzfürsten ständig Krieg gegeneinander führten und sich nicht um europäische Missionare kümmerten. Aus diesen Rivalitätskriegen ging schließlich Ieyasu Tokugawa im Jahr 1600 als Sieger hervor. Er einte das Reich und ließ sich vom Kaiser das erbliche Amt des Shogun geben. Der Shogun war eine Art Regierungschef und oberster Feldherr in einem, der mächtigste Mann im Staat. Kaum im Amt, begann Tokugawa damit, gegen die westlichen Einflüsse vorzugehen. Die Europäer wurden aus dem Land gejagt, Christen verfolgt und um die Mitte des 17. Jahrhunderts war der christliche Glaube so gut wie ausgelöscht.

Bis auf Chinesen und wenige holländische Kaufleute, die Japan mit westlichen Waren versorgten, war Ausländern von da an der Handel mit Japanern verboten. Von 1615 bis 1854 schirmten die Tokugawa-Herrscher das Land radikal von der übrigen Welt ab. Fremde durften nicht hinein, Japaner nicht hinaus. Das Leben orientierte sich an traditionellen Werten, die Menschen lebten nach den alten Sitten und Gebräuchen. Japan erlebte so 250 Jahre des inneren Friedens und der wirtschaftlichen Blüte. Allerdings hatte die Isolationspolitik Japans und Chinas zur Folge, dass beide Länder für Jahrhunderte von den wirtschaftlichen und wissenschaftlichen Entwicklungen des Westens abgeschnitten waren.

23. L'état c'est moi! – Der Staat bin ich!

Kaum ein Satz eines Herrschers ist so bekannt wie dieser Ausspruch Ludwigs XIV. Er bestieg 1643 im Alter von fünf Jahren den französischen Thron und blieb 72 Jahre lang König. Kein Herrscher hat jemals länger regiert. Natürlich tat er das als Kind noch nicht selbst; sein Vormund Kardinal Mazarin regierte für ihn. Als der 1661 starb, rief Ludwig den Staatsrat zu sich und erklärte: »Ich habe Sie hierher kommen lassen, um Ihnen zu sagen, dass ich nunmehr meine Angelegenheiten selbst in die Hand nehmen werde. Sie werden mir mit Ihrem Rat zur Seite stehn, wenn ich Sie darum bitte.« Auf die Frage eines Geistlichen, an wen *er* sich nach dem Tod von Kardinal Mazarin wenden solle, antwortete Ludwig: »An mich, Herr Erzbischof!«

Weil Ludwig in seinem Reich allein bestimmen wollte, scharte er als erstes Männer um sich, die ihm bedingungslos gehorchten. Die hohen Adligen, die glaubten, sie hätten ein Recht auf bestimmte Posten, entmachtete er geschickt: Offiziell waren sie seine Berater und mussten bei ihm am Hof leben – aber nur, damit er sie unter Kontrolle hatte. Um Rat fragte er sie so gut wie nie.

Auch draußen im Land überließ Ludwig die Macht nicht mehr den Adligen. Vielmehr setzte er für jeden Amtsbezirk ihm treu ergebene Beamte aus dem Bürgertum ein. Verletzte einer von ihnen seine Pflichten, konnte ihn der König jederzeit entlassen.

Sämtliche Steuern und Zolleinnahmen wanderten in die Staatskasse, und Ludwig bestimmte, wofür das Geld verwendet wurde. Er nahm auch das Recht für sich in Anspruch, Gesetze zu erlassen; selbst über Krieg und Frieden entschied er allein. Er besaß die ganze, die absolute Macht im Staat, er regierte »absolutistisch«. Ludwig XIV.

Dieses Bild zeigt den 63-jährigen Ludwig XIV. in Lebensgröße. Es sollte ein Geschenk für den spanischen König werden, doch der Sonnenkönig fand sich so gut getroffen, dass er es selbst behielt.

verglich sich selbst mit der Sonne und wurde deswegen auch »Sonnenkönig« genannt. Ob er den in der Kapitelüberschrift zitierten berühmten Satz wirklich gesagt hat, ist nicht sicher; zuzutrauen wäre er ihm.

In Versailles ließ der Sonnenkönig ein riesiges Schloss bauen. Nach heutiger Währung hat es ungefähr 25 bis 30 Milliarden Euro gekostet – für damalige Verhältnisse eine astronomische Summe. Ein Hofstaat von 4000 Personen musste dort dem König ständig zur Verfügung stehen. Vom Ankleiden am Morgen bis zum Auskleiden am Abend glich alles, was er tat, einem Schauspiel mit ihm als Hauptdarsteller und vielen, vielen Komparsen. Wie der Bau des Schlosses, so kostete auch dieses prunkvolle, verschwenderische Leben »bei Hofe« viel Geld. Dazu kam eine riesige Armee, ein »stehendes Heer«, das in Friedenszeiten in Kasernen lebte und unterhalten werden musste.

Die gewaltige Schlossanlage von Versailles. Rund 35 000 Menschen brauchten fast 30 Jahre, um sie zu bauen.

Für all dies das notwendige Geld zu beschaffen war Aufgabe des Ministers Colbert. Von ihm stammt die Vorstellung, dass der internationale Handel mit einem Krieg zu vergleichen sei. Um in diesem Krieg erfolgreich zu sein, so lautete seine Lehre, müsse man möglichst viel exportieren und möglichst wenig importieren. Für ein solches Wirtschaftskonzept schienen ihm die frühen Industriebetriebe, die Manufakturen, am besten geeignet. Sie wurden nun durch billige Kredite und Steuerfreiheit besonders gefördert. In den Manufakturen selbst wurden die Produktionsprozesse so aufeinander abgestimmt, dass Hunderte von Fach- und Hilfsarbeitern Kleidung, Teppiche, Möbel, Kutschen und vieles andere in großer Zahl und guter Qualität beinahe wie am Fließband herstellten. Um diese Güter schnell verkaufen zu können, wurden Straßen, Kanäle und Häfen vergrößert und neu gebaut. Die Ausfuhrzölle wurden gesenkt, um die Waren im Ausland billiger anbieten zu können; ausländische Waren wurden mit hohen Zöllen belegt und waren deshalb für die meisten Franzosen zu teuer. Diese Wirtschaftspolitik nennt man »Merkantilismus«. Sie hatte in erster Linie Geld in die Staatskasse zu bringen. Rücksicht auf die Bedürfnisse des eigenen Volkes nahm sie nicht.

1698 berichtete ein Berater des Königs, »dass in der letzten Zeit fast ein Zehntel der Bevölkerung an den Bettelstab geraten ist und sich tatsächlich durch Betteln am Leben erhält; dass von den übrigen neun Zehnteln fünf nicht in der Lage sind, die Ärmsten durch Almosen zu unterstützen, weil sie selber nur um Haaresbreite ihrem Schicksal entgingen. Von den restlichen vier Zehnteln sind drei außerordentlich schlecht gestellt und von Prozessen bedrängt. Nach meinem Eindruck hat man in Frankreich von jeher nicht genügend Rücksicht auf das niedere Volk genommen und zu wenig Aufhebens von ihm gemacht. Daher ist es denn auch die am meisten ruinierte und elendeste Schicht im Königreich, andererseits aber durch seine Zahl und durch die wirklichen und nützlichen Dienste, die es dem Staate leistet, die bedeutendste

Schicht, die durch ihre Arbeit, ihren Handel, ihre Abgaben den König und sein ganzes Reich emporbringt«.

Als Ludwig 1715 starb, hinterließ er einen Staat, der nach außen zwar noch immer glänzte, im Innern aber große Probleme hatte. Die Staatsfinanzen waren zerrüttet, Frankreichs Vormachtstellung in Europa war bereits im Schwinden und das französische Volk lebte in elenden Verhältnissen.

Trotzdem war Ludwig XIV. für viele Fürsten im Europa seiner Zeit das große Vorbild. Sie ahmten seine Lebensweise, seinen Regierungsstil und seine Politik nach und wollten wenigstens kleine Sonnenkönige sein. Wie in Frankreich hatte das einfache Volk darunter zu leiden. Vor allem die Bauern wurden bis zum Letzten ausgepresst. Sie zahlten Steuern und Abgaben und mussten noch beim Bau der oft riesigen Residenzen und Abteien, Kirchen und Rathäuser Frondienste leisten. Das sollte man nicht vergessen, wenn man heute die prächtigen Bauwerke aus dieser Zeit bewundert.

24. Vorbild England

Absolutistische Monarchen gab es in England seit dem Jahr 1215 nicht mehr. Damals wurde in der berühmten »Magna Charta Libertatum« festgeschrieben, dass der König nur mit Zustimmung der Fürsten, Bischöfe und Barone Steuern erheben durfte. Eine Versammlung hoher Adliger sollte darüber wachen. Aus ihr wurde mit der Zeit ein Gremium, das den König bei allen wichtigen Entscheidungen beriet. Seit dem 14. Jahrhundert wurden auch angesehene Bürger und Landritter in die Versammlung berufen, aus der später das zweigeteilte englische Parlament entstand: Der Hochadel und die Bischöfe bildeten das »Oberhaus«, die Landritter und Bürger das »Unterhaus«.

Bis zu Beginn des 17. Jahrhunderts hatten alle Könige und Königinnen mit dem Parlament zusammengearbeitet und es hatte keine nennenswerten Konflikte gegeben. Das änderte sich mit Karl I., der 1625 König wurde. Er vertrat die Ansicht, er sei von Gott auserwählt, das Land zu regieren, und zwar so, wie er es für richtig halte. Dabei berief er sich auch auf die Schriften berühmter Gelehrter, die besagten, dass im Staat immer einer bestimmen müsse, was zu tun und zu lassen sei. Dieser Herrscher aber sei nur Gott Rechenschaft schuldig. Doch damit waren das Parlament und das englische Volk nicht einverstanden. Der Konflikt schwelte einige Jahre und führte 1642 zum Bürgerkrieg. Die Truppen des Parlaments wurden von Oliver Cromwell (1599–1658) angeführt, einem radikalen Puritaner, der sich selbst einen »Streiter Gottes« nannte. In den beiden entscheidenden Schlachten siegte Cromwell mit seinen Truppen. Danach jagte er alle aus dem Parlament, die sich ihm nicht anschließen wollten und für Verhandlungen mit dem König waren. Das Rumpfparlament brachte den König vor ein Gericht, das ihn zum Tod verurteilte. Am 30. Januar 1649 wurde Karl I. vor seinem

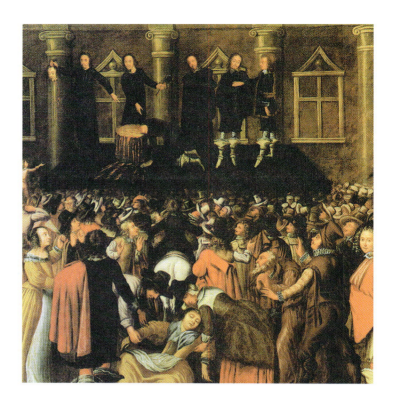

Die öffentliche Enthauptung Karls I. Es scheint, als wäre den Zuschauern das Ungeheuerliche des Geschehens bewusst.

Palast in London enthauptet. Zum ersten Mal in der Weltgeschichte kostete ein Aufstand der Untertanen einen König das Leben.

England wurde zur Republik erklärt mit Cromwell als Regierungschef. Er kümmerte sich wenig um die Rechte des Parlaments, ließ sich 1653 zum »Lord Protector« auf Lebenszeit ausrufen und regierte das Land mit Hilfe seiner Truppen wie ein Militärdiktator. Sein Regierungsstil unterschied sich kaum von dem des hingerichteten Königs. Nach seinem Tod folgte ihm sein Sohn ins Amt, der aber so unfähig war, dass er schon nach einem Jahr wieder abgesetzt wurde. Ohnehin hatten die meisten Engländer genug von der Cromwellschen Republik; sie wünschten sich wieder einen König, dem allerdings ein starkes Parlament gegenüberstehen sollte.

Im Mai 1660 wurde Karl II. neuer König, nachdem er gelobt hatte, die Rechte des Parlaments zu achten. Aber es dauerte nicht lange, bis sichtbar wurde, dass auch er eine absolutistische Herrschaft anstrebte. Zudem stand er dem Katholizismus nahe und begünstigte Katholiken bei der Vergabe von Ämtern. Das Parlament wehrte sich mit einem Gesetz, das Katholiken aus allen öffentlichen Ämtern ausschloss. Und die Parlamentarier gingen noch weiter, wollten verhindern, dass überhaupt noch ein Katholik englischer König werden konnte. Doch nach Karls Tod folgte ihm sein katholischer Bruder Jakob II. auf den Thron. Der Konflikt spitzte sich zu, als der neue König den Katholizismus stärken und das Parlament schwächen wollte. In dieser Auseinandersetzung kam dem Parlament gelegen, dass Jakobs Tochter Maria mit dem niederländischen Protestanten Wilhelm III. von Oranien verheiratet war. Die beiden sollten im Kampf gegen die Katholiken helfen und dafür die englische Krone erhalten. Sie sagten zu und landeten 1688 mit einem großen Heer in England, worauf der König nach Frankreich floh. Seine Truppen ergaben sich kampflos, so dass Wilhelm und Maria ohne Blutvergießen in London einziehen konnten. Doch bevor sie gekrönt wurden, mussten sie eine Vereinbarung unterschreiben, die »Declaration of Rights«. Darin wurde dem englischen Parlament und den Bürgern wichtige Grundrechte zugesichert: Gesetze durften nur mit Zustimmung des Parlaments erlassen und außer Kraft gesetzt werden; Steuern, Zölle und Abgaben durften nur mit Zustimmung des Parlaments erhoben werden; die Wahl des Parlaments musste frei und ungehindert stattfinden können; die Parlamentarier durften frei reden und genossen Immunität, das heißt, sie waren vor Strafverfolgung geschützt, solange das Parlament dieser Verfolgung nicht ausdrücklich zustimmte; ohne Zustimmung des Parlaments durfte der König in Friedenszeiten kein stehendes Heer unterhalten; unabhängige Gerichte waren für die Einhaltung der Gesetze zuständig; niemand durfte ohne richterliches Urteil hingerichtet oder eingesperrt werden. Die Festschreibung dieser Grundrechte im Jahr 1689 war revolutionär; die »Glorious Revolution«, wie man in England sagt, war damit vollendet.

Zu einer Zeit, als im übrigen Europa absolutistische Fürsten nach französischem Vorbild herrschten, hatte sich das englische Parlament eine führende politische Rolle erkämpft und einen großen Schritt in Richtung einer modernen Staatsverfassung gemacht. 1734 schrieb der französische Philosoph Voltaire in seinen »Briefen über die Engländer«: »Die englische Verfassung hat eine solche Vollkommenheit erreicht, dass infolgedessen alle Menschen jene natürlichen Rechte genießen, deren sie in fast allen Monarchien beraubt sind.«

25. Mit Gewalt in die Moderne

Im Verlauf des 16. und 17. Jahrhunderts waren die meisten Länder in Europa und der Welt so mit sich selbst oder dem Ausbau ihrer Macht beschäftigt, dass sie kaum bemerkten, wie eine neue Macht in die Geschichte eintrat: Russland.

Nachdem Konstantinopel 1453 von muslimischen Türken erobert worden war, waren es russische Geistliche, die sich als die einzig rechtgläubigen – »orthodoxen« – Christen betrachteten. Sie erklärten Moskau zum »Dritten Rom« und zum Zentrum des wahren Christentums. Vom Westen kapselte man sich bewusst ab. Die Moskauer Großfürsten sahen sich als Nachfolger der byzantinischen Kaiser; 1547 ließ sich Iwan IV., genannt »der Schreckliche«, als erster russischer Herrscher zum Zaren, das heißt zum Kaiser krönen. Mit eiserner Hand regierte er das Reich, entmachtete die Adligen – die »Bojaren« – und nahm ihnen ihr Land. Eine ihm direkt unterstellte Polizei terrorisierte und tötete viele Bojaren und mit ihnen jeden, der Widerstand gegen die Politik des Zaren leistete. Iwan schuf mit schrecklichen Methoden ein absolutistisches Regierungssystem und betrachtete das Reich gleichsam als seinen privaten Besitz.

Wie in Byzanz waren Kirche und Staat in Russland eng miteinander verbunden: Die Kirche brauchte einen Schutzherrn und legitimierte im Gegenzug ihn und seine Politik. Ein führender Geistlicher schrieb in einem Brief an Iwan IV.: »Wisse, frommer Zar, dass alle Reiche des orthodoxen christlichen Glaubens zusammen übergegangen sind in dein einziges Reich. Du allein bist auf der ganzen Erde der Zar der Christen. Zwei Rome sind gefallen, aber das dritte steht, und ein viertes wird es nicht geben.« Mit Gottes und der Kirche Hilfe werde der Zar die Reiche der Ungläubigen erobern, um die Menschen zu missionieren. Dabei erkannten die russischen Geistlichen die uneingeschränkte Führungsrolle des Zaren an. »Der Natur nach ist der Zar allen Menschen ähnlich, der Gewalt nach ist er ähnlich dem höchsten Gott.«

Wie bei den zahlreichen Kriegen Iwans arbeitete die Kirche auch bei der Unterdrückung der Bauern mit ihm Hand in Hand; weltliche und geistliche Grundbesitzer waren gleich interessiert daran, Bauern an sich zu binden. So wurde deren Freizügigkeit Schritt für Schritt eingeschränkt, bis sie 1649 zu Leibeigenen erklärt wurden. Damit besaßen sie kaum noch Rechte, waren der Willkür ihrer Herren ausgeliefert und fristeten ein Dasein unter elenden Verhältnissen. Daran änderte sich auch nichts, als Zar Peter I. (1682 – 1725) begann, das rückständige Land zu reformieren. Das hieß für ihn, Russland nach Westen zu öffnen und vom Westen zu lernen. Dafür unternahm er 1697/98 eine der ungewöhnlichsten Reisen, die je ein Herrscher unternommen hat: Mit einer Gesandtschaft von 250 Personen bereiste er unter falschem Namen Westeuropa. Er wollte sich selbst ein Bild von den verschiedenen Staatswesen, von den Wirtschafts- und Gesellschaftssystemen machen. Nur an den Höfen gab er sich zu erkennen. Nach einer Begegnung mit ihm schrieb die Kurfürstin Sophia von Hannover: »Bei allen Vorzügen, mit denen die Natur ihn beschenkt hat, wären ihm doch weniger bäuerische Manieren zu wünschen.«

Das höfische Leben war in der Tat nicht Peters Welt. Er interessierte sich mehr für Technik und Wirtschaft, hörte Vorlesungen über Mechanik und besuchte Gelehrte in ihren Werkstätten, um ihnen über die Schulter zu schauen. Unter dem Decknamen Pjotr Michailow soll er auf holländischen und englischen Werften sogar zehn Monate lang als Schiffszimmermann gearbeitet haben, um zu lernen, wie man gute Schiffe baut. Sein ganz und gar ungewöhnliches Verhalten hat etliche Dichter und Musiker zu Werken inspiriert, so Albert Lortzing zu seiner Oper »Zar und Zimmermann«.

Mit dem neuen Wissen und mit etwa 1000 angeworbenen Fachleuten der verschiedensten Gebiete kehrte der

Zar nach Russland zurück. Bald danach mussten die russischen Männer ihre langen Bärte abschneiden und die einheimischen Trachten ablegen, damit sie wie richtige Europäer aussahen. Dann wollte Peter eine neue, europäische Hauptstadt, die zugleich eine Hafenstadt an der Ostsee sein sollte. Obwohl das ausgewählte Gelände von vielen Überschwemmungen sumpfig und völlig ungeeignet war, ließ der Zar massenweise Bauern, Arbeiter und Handwerker zusammentreiben, die »unter schrecklichen Existenzbedingungen, durch Unterernährung und Epidemien immer wieder dezimiert«, Sümpfe trocken legen und Baumstämme in den Boden rammen mussten, bevor mit dem Bau von Gebäuden begonnen werden konnte. Ernst zu nehmende Schätzungen gehen davon aus, dass mehr als 120 000 Menschen dabei ums Leben kamen. Für den Zar war seine neue Hauptstadt St. Petersburg das »Fenster zum Westen«. Es heißt, er habe sie »mein Paradies« genannt.

Zar Peter zwang die russischen Männer, ihre Bärte abzuschneiden. Wer es nicht tat, hatte eine hohe Bartsteuer zu bezahlen.

Um Russlands Position in der Welt zu stärken, ließ der Zar ein stehendes Heer nach westlichem Vorbild aufbauen. Dazu zwang man jährlich 30 000 bis 40 000 junge Männer in die Armee und drillte sie für den Krieg. Auch die Flotte wurde ausgebaut, bis sie die stärkste in der Ostsee war. Und wie die Armee, so organisierte Zar Peter auch die staatliche Verwaltung neu. Dazu teilte er das Reich in acht Bezirke ein. Die Bezirksgouverneure waren der Reichsregierung verantwortlich, die wiederum dem Zar. Damit auf allen Ebenen in seinem Sinn gearbeitet wurde, ersetzte er den Geburtsadel durch einen Dienstadel. In dieser neuen Rangordnung für Beamte und Offiziere entschied also nicht mehr die Herkunft, sondern die Leistung, auf welcher Stufe jemand stand.

Von all diesen Reformen profitierten die Arbeiter und Bauern nicht; im Gegenteil, sie hatten immer mehr Dienste und Abgaben zu leisten. »Die oberen Klassen lösten sich von den russischen Bräuchen und zugleich vom rus-

An einem Ort gebaut, der für eine Stadt denkbar ungeeignet war: St. Petersburg

sischen Volk los; sie fingen an, nach ausländischer Art zu leben, sich zu kleiden und zu sprechen ... So kam es zum Bruch zwischen Zar und Volk, so löste sich der alte Bund. Der russische Monarch wurde zum Despoten, und das freie Volk erhielt die Bedeutung von unfreien Sklaven«, urteilte ein russischer Chronist. Doch solche Urteile kümmerten Peter den Großen, wie er bald genannt wurde, wenig. Mit brutaler Entschlossenheit verfolgte er sein Ziel, Russland zu modernisieren. Als sich der Kronprinz Alexej einer altrussischen Bewegung anschloss, um den westlichen Kurs seines Vaters zu stoppen, ließ der Zar seinen eigenen Sohn ermorden.

Als Peter der Große 1725 starb, wurde er zwar von den meisten Russen gehasst; aber von nun an spielte Russland eine bedeutende Rolle in der europäischen Politik.

26. Von Habsburgern und Hohenzollern

Den Grafen von Habsburg, deren Stammsitz im schweizerischen Aargau lag, war es im Lauf der Jahrhunderte gelungen, ihr Geschlecht zu einem der mächtigsten in Europa zu machen. Begonnen hatte der Aufstieg im Jahr 1273, als Rudolf von Habsburg »Verlegenheitskaiser« des Deutschen Reiches wurde, weil in schwierigen Zeiten keiner der großen Fürsten die Krone hatte haben wollen. Der vermeintlich schwache Rudolf aber hatte sich schnell als kluger Politiker und Familienvater entpuppt. Das Geschick, mit dem er seine neun Kinder verheiratete und immer mehr Familienmitglieder in wichtige Positionen des Reiches brachte, ist legendär. Damit hatte er den Grundstein für die ungewöhnliche Erfolgsgeschichte seines Geschlechts gelegt. Unter Karl V., der von 1519 bis 1556 regierte, reichte das Habsburger Herrschaftsgebiet von Ungarn im Osten bis nach Spanien im Westen und hinüber zu den spanischen Besitzungen in Amerika. Der Kaiser konnte sagen, in seinem Reich gehe die Sonne nicht unter. Aber dieses Vielvölkerreich konnte kein Herrscher lange zusammenhalten, zumal die vielen Fürsten im Reich ihre jeweils eigene Politik betrieben. Nur als sich das Osmanische Reich immer mehr ausdehnte und die Türken 1683 schon vor Wien standen, unterstützten die Landesfürsten den Kaiser, schließlich ging es um die Rettung des Abendlandes. Die Habsburger behielten die römisch-deutsche Kaiserkrone noch bis 1806, doch wirklich geherrscht haben sie nur noch über Österreich, Ungarn und Böhmen.

Im Schatten der Habsburger gewann im 17. Jahrhundert ein anderes altes Fürstengeschlecht an Bedeutung, obwohl die Voraussetzungen dafür denkbar schlecht erschienen. Die Hohenzollern, von denen hier die Rede ist, herrschten im Land Brandenburg-Preußen, das zersplittert war und wirtschaftlich unbedeutend. Das änderte sich jedoch während der 48jährigen Regentschaft des Kurfürsten Friedrich Wilhelm. Er modernisierte Verwaltung, Wirtschaft und Armee nach französischem Vorbild und schuf damit die Voraussetzung für den Aufstieg Brandenburg-Preußens. Sein Sohn Friedrich aber wollte nicht mehr nur Kurfürst, er wollte König sein. Nach jahrelangem Geschacher gelang es ihm, die Zustimmung der maßgeblichen Fürsten und des Kaisers zu erkaufen. Im Januar 1701 krönte sich Friedrich in Königsberg selbst zum »König in Preußen«. In Wien, am Hof der Habsburger, löste das allerdings nur Heiterkeit aus; der erste Preußenkönig wurde dort nicht ernst genommen. Und bei Friedrich I. war die Reaktion der Habsburger sogar verständlich: Er war ein Schöngeist von geringem politischem Gewicht, ihn brauchten sie nicht besonders ernst zu nehmen. Von ganz anderem Kaliber aber war sein Sohn Friedrich Wilhelm I., den man bald den »Soldatenkönig« nannte. Für diesen frommen Pedanten waren ein starkes Heer und eine sparsame Haushaltsführung die Voraussetzungen, »um meinem Land und meinem Volk dauerndes Glück zu sichern«. Also ließ er, oft mit Gewalt, junge Männer anwerben und verdoppelte die Zahl der Soldaten auf 80 000 Mann. Denen wurde der Gehorsam regelrecht eingeprügelt. Der »preußische Drill« war bald ebenso berühmt wie berüchtigt.

Pflichtbewusstsein, Gehorsam, Disziplin, Ordnung und Fleiß galten dem Soldatenkönig als höchste Werte. Die sah er am besten in der Armee verwirklicht; also sollte das ganze Land zu einer Art Kaserne werden. Die »preußischen Tugenden« wurden zu einem festen Begriff, und in späteren Zeiten gerieten sie in Verruf; doch ohne sie wäre es kaum gelungen, das kleine, rückständige Land innerhalb so kurzer Zeit auf den Weg zu einer europäischen Großmacht zu bringen.

Als Friedrich Wilhelm I. am Ende seines Lebens Bilanz zog, besaß Preußen die drittstärkste Armee in Europa,

Besonders lag dem Soldatenkönig seine »Riesengarde« am Herzen. Ihre Mitglieder, die »Langen Kerls«, waren alle über zwei Meter groß.

hatte keine Schulden mehr – und zehn Millionen Taler in der Kriegskasse.

Der Soldatenkönig hatte sich immer gewünscht, dass sein ältester Sohn Friedrich einmal so werden würde wie er. Doch dieser Wunsch ging nicht in Erfüllung. Das folgende Kapitel über die geistigen Strömungen und Entwicklungen jener Zeit wird verständlich machen, warum.

27. Das Zeitalter der Vernunft

Das späte 17. und das 18. Jahrhundert wird als »Zeitalter der Vernunft« bezeichnet. Damit soll ausgedrückt werden, dass sich das Denken zunehmend vom Aberglauben, aber auch vom kritiklosen Glauben befreite. Was mit der Renaissance und dem Humanismus begonnen hatte, setzte sich nun verstärkt fort. Vor allem aus England und Frankreich kamen die neuen geistigen Strömungen. Alle bis dahin gültigen Ansichten über Religion, Staat, Gesellschaft und Wirtschaft wurden in Frage gestellt und dem strengen Urteil des Verstandes unterzogen. Was dieser verstandesmäßigen, »rationalen« Überprüfung nicht standhielt, wurde – wie bei wissenschaftlichen Experimenten – verworfen. Nur was der Mensch mit seiner Vernunft erkennen könne, sei wahr, schrieb der Franzose René Descartes schon 1637 in seiner »Abhandlung über die Methode des richtigen Vernunftgebrauchs«.

Die Menschen sollten sich nicht mehr von den alten Autoritäten bevormunden lassen, sondern selbstständig und vernünftig, das heißt »aufgeklärt« handeln. In seiner berühmten Definition fasste der deutsche Philosoph Immanuel Kant zusammen, was unter Aufklärung zu verstehen sei: »Aufklärung ist der Ausgang des Menschen aus seiner selbstverschuldeten Unmündigkeit. Unmündigkeit ist das Unvermögen, sich seines Verstandes ohne Leitung eines anderen zu bedienen. Selbstverschuldet ist diese Unmündigkeit, wenn die Ursache derselben nicht am Mangel des Verstandes, sondern der Entschließung und des Mutes liegt, sich seiner ohne Leitung eines anderen zu bedienen. Sapare aude! Habe Mut, dich deines eigenen Verstandes zu bedienen! ist also der Wahlspruch der Aufklärung.«

Die Aufklärer sprachen von einer natürlichen Gleichheit der Menschen und davon, dass jeder Mensch Rechte und eine Würde habe, die ihm niemand nehmen dürfe,

Immanuel Kant (1724–1804)

auch nicht der Kaiser. Der englische Philosoph John Locke schrieb 1689: »Wenn wir betrachten, in welchem Zustand sich die Menschen von Natur befinden, so sehen wir: Dies ist ein Zustand völliger Freiheit.«

Rund 70 Jahre später begann der Genfer Jean-Jacques Rousseau sein Buch »Der Gesellschaftsvertrag« mit dem Satz: »Der Mensch wird frei geboren, und überall ist er in Ketten.« Diese Ketten wollten Rousseau, Locke, Kant, Montesquieu, Voltaire und die anderen Aufklärer sprengen. Die frei geborenen Menschen sollten sich ebenso frei in Gemeinschaften zusammenschließen, die ihre natürlichen Rechte schützten. Sie sollten Verträge schließen, in denen die Rechte und Pflichten der Regierten und der Regierenden gleichermaßen festgelegt wurden. Damit niemand im Staat zu mächtig werden könne, solle die Macht geteilt werden: Die einen beschließen die Gesetze, die anderen führen sie aus, und wieder andere achten darauf, dass dabei alles mit rechten Dingen zugeht.

Nach diesem Denken sind die Herrscher also nicht von Gott, sondern von ihrem Volk eingesetzt. Ihre Aufgabe ist es, die Würde des Menschen zu achten, seine Freiheit zu schützen, sein Wohlergehen und sein Glück zu fördern. Hält sich ein Herrscher nicht an den Vertrag mit seinem Volk und missbraucht das in ihn gesetzte Vertrauen, kann das Volk ihn absetzen. Diese neuen, revolutionären Gedanken widersprachen natürlich dem in Europa herrschenden Absolutismus und die allermeisten Fürsten lehnten sie ab. Nur Joseph II. von Österreich, die russische Zarin Katharina die Große und eben der preußische Kronprinz Friedrich ließen sich von den Aufklärern beeinflussen.

28. Ein Philosoph auf dem preußischen Thron?

Friedrich II. (1712–1786) hatte für einen Königssohn eine ungewöhnlich harte Kindheit und Jugend. Der Soldatenkönig wollte ihn zu seinem Ebenbild erziehen: »Fritz muss werden wie ich!« Schon vom fünften Lebensjahr an steckte er den kleinen Fritz in Uniformen und nahm ihn zu Ausritten, Jagden, Paraden und Manövern mit. Dabei war dem Kronprinzen das Militärische ebenso zuwider wie die »preußischen Tugenden«. Dagegen liebte der begabte und sensible Friedrich das höfische Leben und die schönen Künste, las mit Vorliebe französische Literatur, beschäftigte sich mit der Philosophie, schrieb Gedichte und spielte heimlich Flöte. Für seinen Vater waren das nichts als dumme Flausen, die er ihm mit Hieben und Stockschlägen auszutreiben versuchte. Als Friedrich 18 Jahre alt war, wollte er der väterlichen Knute entfliehen und mit einem Freund das Land verlassen; an der Grenze wurden sie erwischt. Der König ließ beide vor ein Kriegsgericht stellen und zum Tod verurteilen. Kurz vor der Hinrichtung wurde der Kronprinz zwar begnadigt, musste jedoch zusehen, wie sein Freund enthauptet wurde. Danach sperrte man ihn so lange in den Kerker, wie sein Vater es für angebracht hielt.

All diese Erlebnisse und Erfahrungen veränderten den jungen Friedrich sehr. Bald fügte er sich dem Willen seines Vaters und leistete eine Lehrzeit in Verwaltung, Wirtschaft und Armee ab. Schließlich heiratete er sogar die ungeliebte Prinzessin, die sein Vater für ihn ausgesucht hatte. Mit ihr lebte er auf Schloss Rheinsberg in Brandenburg, wo er sich endlich in Ruhe der Musik und Literatur und dem Studium der Philosophie widmen konnte. Hier begann er auch einen Briefwechsel mit Voltaire und schrieb ein Buch. Darin entwarf er das Bild eines pflichtbewussten und friedliebenden Herrschers, der sich bei seinem Handeln von den Gedanken der Aufklärung leiten lässt. Die Wohlfahrt des Volkes sollte Vorrang vor allem anderen haben. Den Herrscher selbst betrachtete er als »ersten Diener des Staates«.

Als Friedrich 1740 König wurde, hofften viele, nun werde ein Philosoph auf dem preußischen Thron sitzen und das Land in Frieden regieren. Für kurze Zeit sah es auch so aus. Gleich in den ersten Tagen schaffte Friedrich die Folter ab; ebenso das Recht des Königs, in Gerichtsverfahren einzugreifen. Er sorgte dafür, dass vor Gericht die Menschen aller Stände nach dem gleichen Recht behandelt wurden. Dann verkündete er die Glaubens- und Religionsfreiheit. »In meinem Staat kann jeder nach sei-

Friedrich der Große auf einem Holzschnitt Adolph Menzels

ner Facon seelig werden«, lautet einer seiner bekanntesten Aussprüche.

Für seine Zeit war Friedrich in der Tat ein toleranter Herrscher; unter ihm konnte sich neben dem preußischen Untertanengeist auch neues Denken entfalten. So trat der Dichter Gotthold Ephraim Lessing in seinen Schriften und Stücken, vor allem in »Nathan der Weise«, für einen vernünftigen, toleranten und humanen Umgang aller Menschen miteinander ein. Niemand in Preußen hinderte ihn daran, am wenigsten der König.

Doch Friedrich war eben nicht nur ein Philosoph, er war auch der oberste preußische Soldat. Und als solcher nutzte er zur Überraschung aller die erste Gelegenheit, um sein Land auf Kosten der Habsburger zu vergrößern. Sie bot sich ihm, als der Habsburger Kaiser Karl VI. starb und ein Streit im Heiligen Römischen Reich ausbrach, ob seine Tochter Maria Theresia ihm nachfolgen dürfe oder lediglich Anspruch auf die österreichische Krone habe. Die Unsicherheit, die daraus entstand, nutzte Friedrich, um in das zu Österreich gehörende Schlesien einzumarschieren. Damit begannen die Schlesischen Kriege. Nach zwei Niederlagen verbündete sich Maria Theresia mit Russland und Frankreich; den darauf folgenden »Siebenjährigen Krieg« von 1756 bis 1763 konnte Preußen eigentlich nicht gewinnen. Doch gerade gegen die große Übermacht der feindlichen Bündnispartner zeigte Friedrich seine überragenden Fähigkeiten als Feldherr. Dabei konnte er sich auf die Disziplin und Schlagkraft der preußischen Armee verlassen. Und als all das nicht mehr ausreichte, der Krieg schon verloren schien, kam Friedrich das Glück – manche sprachen auch von einem Wunder – zu Hilfe: Die russische Zarin Elisabeth starb völlig unerwartet. Und im Gegensatz zu ihr war ihr Nachfolger Peter III. ein großer Bewunderer Friedrichs und wechselte auf der Stelle die Fronten. Ein Jahr später wurde der Krieg mit dem »Frieden von Hubertusburg« beendet. Friedrich der Große, wie er von da an genannt wurde, hatte die Stellung Preußens als europäische Großmacht gefestigt.

29. Nach Amerika!

Im 17. und 18. Jahrhundert wanderten Zehntausende Europäer nach Amerika aus, weil sie sich in der Neuen Welt ein besseres Leben erhofften. Die einen machten sich aus wirtschaftlichen Gründen auf die lange und gefährliche Reise; für andere waren ihre politischen Anschauungen ausschlaggebend; viele verließen ihre Heimat auch, weil sie wegen ihres Glaubens verfolgt wurden oder Nachteile hatten, so die puritanischen »Pilgerväter« aus England, die schon 1620 an der nordamerikanischen Ostküste landeten. Die Einwanderer bauten Dörfer, rodeten Wälder und bearbeiteten den Boden, um aus ihm Ackerland zu machen. Doch nicht überall schauten die einheimischen Ureinwohner dem tatenlos zu. Oft kam es zu harten Kämpfen, weil die Europäer die Rechte der Indianer nicht respektierten. Nur in wenigen Gegenden versuchten die Siedler, sich mit den Indianern zu verständigen und friedlich mit ihnen auszukommen. Den europäischen Siedlern gemeinsam war, dass sie politisch an ihre Heimatländer gebunden blieben.

In den nördlichen Kolonien, wie man die neu besiedel-

Englische Siedler schließen einen Vertrag mit amerikanischen Ureinwohnern und bezahlen für das Land, das sie in Besitz nehmen wollen. Doch viel öfter traten die Einwanderer als Eroberer auf.

ten Gebiete nannte, lebten die Einwanderer überwiegend von Landwirtschaft und Handwerk, vom Fischfang und vom Schiffsbau. Das kirchliche, politische, wirtschaftliche und kulturelle Leben wurde von den Puritanern geprägt. Hier, wo aus dem Nichts Siedlungen und Dörfer entstehen sollten, war die calvinistische Lehre von besonderem Vorteil: Tüchtigkeit gepaart mit Sparsamkeit führten zu einem raschen Aufschwung. Dörfer wuchsen zu Städten, schon 1636 wurde die erste amerikanische Hochschule gegründet: die Harvard-Universität in Cambridge/Massachusetts.

Der Süden entwickelte sich anders als der Norden. Hier wurden auf großen Flächen hauptsächlich Reis, Tabak, Zuckerrohr und später auch Baumwolle angepflanzt. Auf diesen Plantagen fanden zwar viele Menschen Arbeit, aber sie wurden schlecht bezahlt. Wo es nicht genügend Arbeitskräfte gab, ließen die Plantagenbesitzer Menschen aus Afrika holen: Sklaven, die mit ihren Kindern und Kindeskindern lebenslang an die Plantagen gebunden und der Gewalt ihrer Herren unterworfen waren. So entstand im Süden bald ein viel größeres Gefälle zwischen Armen und Reichen als im Norden. Auch die kulturelle Entwicklung und das geistige Leben waren anders und rückständiger als im Norden. Die Unterschiede zwischen den Nord- und Südstaaten bargen von Anfang an Zündstoff für das Land; später sollten sie zu einem Bürgerkrieg führen.

Vorher jedoch kam es zum Streit zwischen England und Frankreich um die Vorherrschaft in der Neuen Welt, dem englisch-französischen Kolonialkrieg, aus dem England als großer Sieger hervorging. Mit dem Frieden von Paris vom Jahr 1763 gehörten alle Kolonien an der Ostküste und große Teile Nordamerikas zum britischen Weltreich. Kurz nach Kriegsende beschloss die Regierung in London, die Kolonien schärfer zu kontrollieren und an der kurzen Leine zu führen. Weil der Krieg viel Geld gekostet hatte, sollten sie nun ihren Beitrag zum Abbau der Staatsschulden leisten. Das englische Parlament verabschiedete dazu neue Zoll- und Steuergesetze, die in den Kolonien heftige Proteste auslösten. Die Kolonisten sprachen dem Parlament im fernen London rundweg das Recht ab, Steuern für die Kolonien zu erlassen. »No taxation without representation!« – »Keine Steuer ohne Vertretung im Parlament!«, lautete ihr Motto. Sie weigerten sich, Steuern zu zahlen und boykottierten englische Waren.

Das englische Parlament nahm daraufhin zwar einige Gesetze wieder zurück, trotzdem spitzte sich die Lage zu. Schließlich blieb nur noch der Teezoll bestehen – mehr aus grundsätzlichen als aus wirtschaftlichen Gründen: Das englische Parlament wollte damit auf sein Recht verweisen, auch für die amerikanischen Kolonien Gesetze zu erlassen und Zölle erheben zu dürfen. Als Mitte Dezember 1773 drei englische Schiffe im Hafen von Boston ankerten, um ihre Ladung Tee zu löschen, riefen die »Söhne der Freiheit« zum offenen Widerstand auf. Am 16. Dezember verkleideten sich Bostoner Bürger als Indianer, stürmten die Schiffe und warfen die Kisten mit Tee ins Wasser. Die Aktion ging als »Boston Tea Party« in die Geschichte ein und löste den amerikanischen Unabhängigkeitskrieg aus.

1774 trafen sich Vertreter der Kolonien in Philadelphia zum »Ersten kontinentalen Kongress«. Zu dieser Zeit war die Mehrheit immer noch bereit, Georg III. von England als ihren König anzuerkennen. Als der jedoch die Kolonisten unterschiedslos zu Rebellen erklärte, kippte die Stimmung um. Jetzt liefen auch viele loyale Untertanen seiner Majestät zu den Aufständischen über. Im Mai 1775 trat der »Zweite kontinentale Kongress« zusammen. Man bildete eine vorläufige Regierung und ernannte George Washington (1732–1799) zum Oberbefehlshaber der »Kontinentalarmee«. Noch während des Krieges erklärten sich die 13 Kolonien für unabhängig. Am 4. Juli 1776 unterzeichneten sie feierlich die Unabhängigkeitserklärung. In dieses weltgeschichtlich bedeutende Dokument sind wichtige Gedanken und Forderungen der Aufklärer eingeflossen, insbesondere die des Engländers

Auf dem berühmten Gemälde von John Trumbull überreicht Thomas Jefferson den Vertretern der 13 Kolonien den Entwurf der Unabhängigkeitserklärung.

John Locke. Gleichzeitig wollte ihr Hauptverfasser Thomas Jefferson (1743–1826) mit dem Text »die amerikanische Gesinnung zum Ausdruck bringen«:

»Folgende Wahrheiten erachten wir als selbstverständlich: Dass alle Menschen gleich geschaffen sind; dass sie von ihrem Schöpfer mit gewissen unveräußerlichen Rechten ausgestattet sind; dass dazu Leben, Freiheit und das Streben nach Glück gehören; dass zur Sicherung dieser Rechte Regierungen unter den Menschen eingerichtet werden, die ihre rechtmäßige Macht aus der Zustimmung der Regierten herleiten; dass, wenn irgendeine Regierungsform sich für diese Zwecke als schädlich erweist, es das Recht des Volkes ist, sie zu ändern oder abzuschaffen und eine neue Regierung einzusetzen und sie auf solchen Grundsätzen aufzubauen und ihre Gewalten in der Form zu organisieren, wie es zur Gewährleistung ihrer Sicherheit und ihres Glücks geboten zu sein scheint…

Die Geschichte des gegenwärtigen Königs von Großbritannien ist die Geschichte wiederholten Unrechts und wiederholter Übergriffe, die alle auf die Errichtung einer absoluten Tyrannei über die Staaten zielen…

Daher tun wir, die Vertreter der Vereinigten Staaten von Amerika, versammelt in einem allgemeinen Kongress, an den Obersten Richter der Welt betreffs der Rechtlichkeit unserer Absichten appellierend, im Namen und Kraft der Autorität des rechtlichen Volkes dieser Kolonien, feierlich kund und erklären, dass diese Vereinigten Kolonien freie und unabhängige Staaten sind und es von Rechts wegen sein sollen; dass sie von jeglicher Treuepflicht gegen die britische Krone entbunden sind und dass jegliche politische Verbindung zwischen ihnen und dem Staate Großbritannien vollständig gelöst ist.«

Für viele Amerikaner ging es hier nicht mehr nur um die Befreiung von der britischen Herrschaft. Sie sahen sich als Vorhut im Kampf gegen die Tyrannei in der ganzen Welt. »Wir kämpfen für die Würde und die Glückseligkeit der Menschheit. Ruhmvoll ist es für Amerika, von der Vorsehung auf diesen Posten der Ehre berufen worden zu sein«, schrieb Benjamin Franklin (1706–1790). Dieses »Sendungsbewusstsein« prägt das amerikanische Selbstverständnis bis heute.

England schickte als Anwort auf die Unabhängigkeitserklärung immer mehr Truppen nach Amerika. Doch trotz ihrer großen Überlegenheit gelang es ihnen nicht, die Amerikaner entscheidend zu schlagen. Deren Wille und Kampfgeist, verbunden mit der klugen Kriegsführung George Washingtons, machte die zahlenmäßige Unterlegenheit wett. Als auch noch Frankreich die Kolonisten mit Soldaten, Waffen und Geld unterstützte, kapitulierte England und erkannte 1783 im Friedensvertrag von Versailles die Unabhängigkeit der »United States of America«, der Vereinigten Staaten von Amerika, an.

Nun standen die ehemaligen Kolonien vor der Aufgabe, einen funktionierenden Staat zu bilden. In der verfassunggebenden Versammlung war am heftigsten umstritten, ob dieser neue Staat »zentralistisch« oder »föderalistisch« aufgebaut sein sollte. Anfangs war die Mehrheit föderalistisch eingestellt: Man dachte an einen lockeren Verbund weitgehend selbstständiger Einzelstaaten. Doch der hoch geachtete George Washington prophezeite: »Die Abneigung der einzelnen Staaten, dem Kongress genügend Macht für die Bundesregierung zu übertragen, wird unseren Zusammenbruch als Nation bedeuten.« Schließlich einigte man sich auf einen Bundesstaat mit einer Zentralregierung und einem Zwei-Kammer-Parlament: dem vom Volk gewählten Repräsentantenhaus und dem Senat, in dem jeder Staat mit zwei Senatoren vertreten sein sollte. Dieser gesetzgebenden Gewalt – der »Legislative« – wurde eine vom Parlament unabhängige ausführende Gewalt – die »Exekutive« – mit dem starken Präsidenten an der Spitze gegenübergestellt. Die richterliche Gewalt – die »Judikative« – bildete das Oberste Bundesgericht, das über die Einhaltung der Verfassung und Gesetze wachen sollte. Auf diese Weise wendeten die »Gründungsväter« das vom Franzosen Montesquieu entwickelte Prinzip der Gewaltenteilung erstmals konsequent an. Keine Person oder Institution sollte allein entscheiden können; alle sollten zur Zusammenarbeit gezwungen sein.

Die amerikanische Verfassung trat 1789 in Kraft. Lediglich durch Zusätze – »amendments« – ergänzt, aber in ihrem Kern unverändert, ist sie bis heute in Kraft. Sie begründete zum ersten Mal in der Geschichte eine freiheitlich-demokratische Herrschaftsordnung und wurde zum Vorbild für viele Staaten.

30. Freiheit, Gleichheit, Brüderlichkeit

Die erfolgreiche Amerikanische Revolution sorgte in der »Alten Welt« für großes Aufsehen. Vor allem die Aufklärer waren begeistert, denn nun hatte sich erwiesen, dass ihre Ideen nicht nur philosophische Gedankenspiele waren, sondern tatsächlich zur Grundlage eines Staates werden konnten.

In einigen Ländern Europas kam es gegen Ende des 18. Jahrhunderts zu Unruhen; Bürger und Bauern protestierten gegen die Obrigkeit. Am entschiedensten war dieser Protest in Frankreich. Dort gab es zwischen Adel, kirchlichen Würdenträgern – dem »Klerus« – und dem reichen Bürgertum einerseits und dem einfachen Volk andererseits eine riesige Kluft. Dazu beigetragen hatte das ungerechte Steuersystem, das die Reichen weitgehend von Steuern befreite und den Armen immer mehr Lasten auferlegte. Dennoch drohte wegen der hohen Kosten für das Militär und der immer noch prunkvollen Hofhaltung der Staatsbankrott. Ludwig XVI. brauchte dringend Geld und dachte, wie üblich, an Steuererhöhungen. Damit es deswegen nicht zu Aufständen kam, berief er 1789 die »Generalstände« ein.

Diese Ständeversammlung hatte seit 1614 nicht mehr getagt und sollte nun den Steuererhöhungen zustimmen. Der Klerus bildete den Ersten Stand, der Adel den Zweiten. Sie waren mit je 300 Abgeordneten in der Ständeversammlung vertreten. Bürger und Bauern bildeten den Dritten Stand und durften – nach langen Verhandlungen mit dem König – 600 Abgeordnete schicken, die 98 % der Bevölkerung vertraten. Gleich bei der ersten Sitzung wurde heiß diskutiert, ob nach Ständen oder nach Köpfen abgestimmt werden sollte. Der Dritte Stand sowie etliche niedere Geistliche und Adlige forderten die Abstimmung

Die zeitgenössische Karikatur sollte deutlich machen, dass der Dritte Stand immer schwerer an den Lasten zu tragen hat, die ihm vom Ersten und Zweiten Stand aufgebürdet werden.

nach Köpfen. Der König lehnte ab und befahl, getrennt zu tagen und abzustimmen. Doch nun widersetzten sich die Abgeordneten des Dritten Standes. Sie beriefen sich dabei auf eine Schrift von Abbé Sieyès, in der es hieß:

»1. Was ist der Dritte Stand?
   Alles.
2. Was ist er bis jetzt in der staatlichen Ordnung gewesen?
   Nichts.
3. Was verlangt er?
   Etwas darin zu werden.«

Und das meinten sie ernst. Am 17. Juni 1789 erklärte sich der Dritte Stand zur »Nationalversammlung«; Vertreter des Adels und vor allem des niederen Klerus schlossen sich an. Der König aber ließ Truppen vor dem Sitzungssaal in Versailles aufmarschieren. Da versammelten sich die Abgeordneten am 20. Juni im Ballhaus und schworen, nicht eher auseinanderzugehen, bis eine Verfassung ausgearbeitet sei. Ludwig unternahm noch einen letzten Versuch, indem er selbst bei den Abgeordneten erschien, ihr Verhalten für ungesetzlich erklärte und erneut die Trennung der Stände befahl. »Die versammelte Nation hat keine Befehle entgegenzunehmen!«, antwortete ihm Jean Bailly, der Präsident der Nationalversammlung. Mit diesem Satz brachte er die Ablehnung des Absolutismus und die Forderung der Volkssouveränität auf den Punkt. Das war der Beginn einer Revolution. Und Ludwig XVI. war zu schwach, um ihr Einhalt zu gebieten. »Wenn sie nicht gehen wollen, sollen sie eben bleiben«, soll er beinahe weinerlich gesagt haben.

Die Fürsten und der hohe Klerus aber sahen das anders. Sie drängten den König, die Versammlung der Abgeordneten aufzulösen; der ließ darauf Truppen um Paris zusammenziehen. Als sich das herumsprach, waren die Menschen empört. Sie fühlten sich wie im Belagerungszustand – belagert von Soldaten des eigenen Königs. Auf öffentlichen Plätzen hielten Männer flammende Reden und forderten das Volk auf, sich zu bewaffnen und die Stadt zu verteidigen. Am 14. Juli 1789 zogen die Massen durch die Straßen und suchten nach Waffen. Dabei kamen sie auch zur Bastille, dem berüchtigten Staatsgefängnis. Es hieß, hinter den 30 Meter hohen Mauern seien früher Gefangene zu Tode gefoltert worden. Beim Volk war die Bastille als Symbol der Willkürherrschaft, des »Despotismus«, verhasst. Nun wurde sie gestürmt, etwa 100 Aufständische starben dabei. Die Gefangenen wurden befreit, der Kommandant und seine Leute erschlagen. Anschließend zog die wütende Menge mit den aufgespießten Köpfen durch die Stadt.

Die Erstürmung der Bastille war eigentlich ein Fehlschlag, denn es wurden nur sieben gewöhnliche Kriminelle befreit und kaum Waffen erbeutet. Doch psychologisch und politisch war sie von allergrößter Bedeutung: Die Menschen hatten es geschafft, das Symbol des Despotismus zu bezwingen. Das stärkte ihr Selbstbewusstsein und war ein wichtiger Schritt zu einer neuen Ordnung, in der das Volk die Herrschaft ausüben sollte. Deswegen ist der 14. Juli bis heute Nationalfeiertag in Frankreich.

Der revolutionäre Funke sprang auch schnell auf die Landbevölkerung über. Bauern erhoben sich gegen ihre

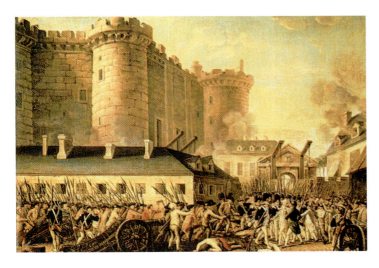

Am Abend des 14. Juli 1789 schrieb der König in sein Tagebuch: »Nichts.« Er hat die Bedeutung des Sturms auf die Bastille nicht erkannt. Für die Franzosen ist er bis heute das wichtigste Ereignis der Revolution. Der 14. Juli ist der französische Nationalfeiertag.

Peiniger, plünderten, verwüsteten oder zerstörten Schlösser und Klöster und verbrannten Dokumente, in denen ihre Pflichten verzeichnet waren. Die Nationalversammlung reagierte schnell und beschloss in einer stürmischen Nachtsitzung vom 4. auf den 5. August die Aufhebung der Leibeigenschaft und aller Privilegien für Adlige und Geistliche. Steuerlich und rechtlich sollten in Zukunft alle Franzosen gleich sein.

Drei Wochen später, am 26. August, wurden die Menschen- und Bürgerrechte verkündet:

»1. Die Menschen werden frei und gleich an Rechten geboren und bleiben es.
2. Das Ziel jeder staatlichen Vereinigung ist die Bewahrung der natürlichen und unantastbaren Rechte der Menschen. Dies sind Freiheit, Eigentum, Sicherheit und Widerstand gegen Unterdrückung.
3. Der Ursprung jeder Herrschaft liegt seinem Wesen nach beim Volk.
4. Die Freiheit besteht darin, alles tun zu können, was einem anderen nicht schadet.
5. Das Gesetz darf nur Handlungen verfolgen, die schädlich für die Gesellschaft sind. Was nicht gesetzlich verboten ist, darf nicht behindert, was nicht gesetzlich geboten ist, nicht erzwungen werden.«

Damit war das alte politische System, das »Ancien Régime«, abgeschafft. Die gesamte europäische Geisteswelt blickte neidvoll nach Frankreich. Dort arbeitete die Nationalversammlung nun eine Verfassung aus, die Frankreich zu einer konstitutionellen Monarchie machte. Das hieß, der König blieb zwar Staatsoberhaupt und Chef der Exekutive, er hatte aber nur noch wenig politische Macht. Die lag bei der Nationalversammlung, die das Prinzip der Volkssouveränität verkörperte. Unabhängige Gerichte sicherten endgültig die Gewaltenteilung.

Noch nicht demokratisch nach unserem heutigen Verständnis war freilich das Wahlrecht: Es richtete sich nach

Besitz und Einkommen. Bei einer Gesamtbevölkerung von etwa 25 Millionen durften nur vier Millionen Männer wählen. Dennoch machte die Verfassung von 1791 Frankreich zum ersten demokratisch legitimierten Nationalstaat in Europa; sie wurde zum Vorbild aller bürgerlichen Verfassungen bis ins 20. Jahrhundert.

Ludwig XVI. wollte unter diesen Umständen nicht länger König sein. Er versuchte mit seiner Familie nach Österreich zu fliehen. Nahe der Grenze aber wurden sie erkannt, von Soldaten nach Paris zurückgebracht und streng bewacht. Die politischen Folgen dieses dilettantischen Fluchtversuchs waren verheerend: Hatte bis dahin niemand ernsthaft an die Abschaffung der Monarchie gedacht, so entstand nun eine radikale Bewegung, die den König absetzen, die Revolution weiterführen und eine Republik errichten wollte. Die europäischen Fürsten beobachteten diese Entwicklung mit großer Sorge, weil sie fürchteten, die revolutionären Ideen könnten sich ausbreiten und auf ihre eigenen Länder übergreifen. Sie erklärten sich mit Ludwig solidarisch und boten ihm militärische Hilfe an. Von 1792 an kämpften sie in wechselnden Koalitionen gegen das revolutionäre Frankreich und drohten, Paris zu zerstören, falls der königlichen Familie ein Leid geschehe. Die Gefahr einer schmachvollen Niederlage, dazu eine Lebensmittelknappheit und drastische Preiserhöhungen führten zu neuen Unruhen in Paris. Der König wurde als Hauptschuldiger verhaftet, mehrere tausend »Revolutionsfeinde« wurden umgebracht. Am 21. September 1792 trat eine neue Volksvertretung, der so genannte Nationalkonvent, zusammen und proklamierte gleich in der ersten Sitzung die Republik. Ludwig XVI. wurde des Hochverrats angeklagt und am 21. Januar 1793 öffentlich hingerichtet.

In solchen Umbruchzeiten, wenn die alte Ordnung stürzt und die neue noch nicht etabliert ist, gibt es in der Regel zwei Gruppierungen: die gemäßigten Kräfte, die die Verhältnisse Schritt für Schritt verändern und das Neue gleichsam aus dem Alten wachsen lassen wollen, die

Reformer; und die Revolutionäre, die die schnelle und radikale Umgestaltung der Verhältnisse anstreben.

Mit der Hinrichtung des Königs und der Ausrufung der Republik hatten die Anhänger einer konstitutionellen Monarchie bereits verloren. Aber auch bei den Republikanern gab es gemäßigte und radikale Kräfte. Die beiden wichtigsten Gruppen nannten sich »Girondisten« und »Jakobiner«. Aus den Revolutionswirren mit vielen gewaltsamen Auseinandersetzungen gingen schließlich die radikalen Jakobiner als Sieger hervor. Einer ihrer Führer, der Rechtsanwalt Robespierre (1758–1794), wurde als Vorsitzender des »Wohlfahrtsausschusses« verantwortlich für die Innenpolitik. In endlos langen Reden sprach er von Tugend, Güte und Gerechtigkeit und wollte Frankreich zu einer tugendhaften, wahren Republik machen. Wer allerdings seiner Vorstellung von einem tugendhaften Bürger nicht entsprach, der war ein Feind der Revolution und Frankreichs und musste getötet werden. Robespierres »Tugendstaat« hatte große Ähnlichkeit mit modernen »totalitären« Diktaturen, in denen alle Bereiche des menschlichen Lebens überwacht werden. Man schätzt, dass während seiner Schreckensherrschaft in Frankreich 35 000 bis 40 000 Bürger durch das Fallbeil, die Guillotine, starben.

Robespierres Wahn führte dazu, dass er die Tugend am Ende nur noch in seiner eigenen Person verkörpert sah; selbst Freunde und Weggefährten, so der beinahe ebenso bekannte Danton, genügten seinen Ansprüchen nicht mehr und endeten unter der Guillotine. Als die Mitglieder des Wohlfahrtsausschusses begriffen, dass keiner seines Lebens mehr sicher war, klagten sie Robespierre im Nationalkonvent an. Am 28. Juli 1794 wurde er unter dem Jubel der Zuschauer enthauptet.

In den folgenden Monaten gewann das wohlhabende Bürgertum wieder mehr politischen Einfluss. Eine neue Verfassung wurde ausgearbeitet, die an die Anfänge der Revolution anknüpfte. Ein »Direktorium« von fünf Männern übernahm die Regierungsgeschäfte. Aber es gelang

»Hier ruht ganz Frankreich«, lautet die Grabinschrift auf diesem satirischen Flugblatt von 1793. Es zeigt Robespierre, wie er als letzter Überlebender den Henker unter die Guillotine legt.

ihnen nicht, dem Land Frieden und Ruhe zu verschaffen; immer wieder kam es zu Aufständen und immer noch führte Frankreich Kriege gegen die Gegner der Revolution, so gegen Österreich, Preußen, England und die Niederlande. Im Verlauf dieser Kriege wurde ein erfolgreicher junger General populär: Napoleon Bonaparte (1769–1821). Als die Versorgung der Menschen immer schwieriger wurde und die Lage im Land immer kritischer, stürzte Napoleon am 9. November 1799 das Direktorium, jagte das Parlament mit Waffengewalt auseinander und übernahm als »Erster Konsul« die Macht im Staat. Wenig später erklärte er: »Die Revolution ist beendet.«

Nach zehn turbulenten und schweren Revolutionsjahren war die Sehnsucht nach Ruhe und Ordnung im französischen Volk so groß, dass die Mehrheit eine starke Führung akzeptierte. So konnte Napoleon als »Erster Konsul« wie ein Monarch regieren, auch wenn Frankreich noch immer eine Republik war. 1802 wurde er sogar »Konsul auf Lebenszeit«. Auch das genügte dem ehrgeizigen Aufsteiger noch nicht: Er wollte Kaiser werden. Also änderte er die Verfassung und setzte sich am 2. Dezember 1804 selbst die Kaiserkrone auf. Damit war die Revolution wirklich beendet. Aber ihr Wahlspruch »Freiheit, Gleichheit, Brüderlichkeit« und die in Europa erstmals formulierten Menschen- und Bürgerrechte wirkten fort.

31. Europa unter Napoleon

Bis heute wird Napoleon vorwiegend als genialer Feldherr gesehen, der mit seinen Soldaten Frankreich so mächtig machte, wie es weder vor noch nach ihm jemals war. Er begann einen Eroberungszug durch Europa, das er auf dem Höhepunkt seiner Karriere beinahe ganz beherrschte. Nichts und niemand schien ihn aufhalten zu können. Nachdem er 1806 auch die preußische Armee vernichtend geschlagen und damit die tausendjährige Geschichte des »Heiligen Römischen Reiches Deutscher Nation« beendet hatte, schrieb die Preußen-Königin Luise über den französischen Kaiser: »Er meint es nicht redlich mit der guten Sache und mit den Menschen. Er und sein ungemessener Ehrgeiz meint nur sich selbst und sein persönliches Interesse. Man muss ihn mehr bewundern als man ihn lieben kann. Er ist von seinem Glück geblendet, und er meint alles zu vermögen. Dabei ist er ohne Mäßigung, und wer nicht Maß halten kann, verliert das Gleichgewicht und fällt.«

Die preußische Königin sollte Recht behalten, denn wie alle maßlosen Eroberer erlebte auch Napoleon sein Waterloo – eine Redensart, die bis heute an seine endgültige Niederlage erinnert. Zum Anfang dieses Endes wurde der Russlandfeldzug 1812. Dafür stellte er mit mehr als 600 000 Mann die stärkste Armee der Geschichte zusammen; alle Welt glaubte an einen schnellen Sieg. Aber es kam anders. Die russische Armee wich jeder Schlacht aus und zog sich immer weiter ins Landesinnere zurück. Im September marschierte Napoleons »Große Armee« in das beinahe menschenleere Moskau ein. Wenige Tage später legten russische Soldaten Feuer und bald brannte die ganze Stadt. Napoleon wusste, dass ein russischer Winter ohne ausreichende Unterkünfte und Vorräte für sein Heer nicht zu überstehen war. Er schickte ein Waffenstillstandsangebot an den Zaren – und erhielt keine Antwort. So

So hatte sich Napoleon das Ende des Russlandfeldzugs nicht vorgestellt. Das Gemälde zeigt ihn mit den Resten seiner »Großen Armee« auf dem Rückzug.

blieb ihm keine andere Wahl, als den Rückzug zu befehlen. Dieser Rückzug wurde zur Katastrophe für die »Große Armee«. Jeden Tag starben Tausende Soldaten an Hunger, Erschöpfung und durch die nun einsetzenden russischen Angriffe. Nur 5000 schafften es bis nach Hause.

Der als unbesiegbar geltende Napoleon war besiegt worden, das ermutigte seine Feinde, sich gegen ihn zu verbünden. Preußen, Österreich, Russland, England und Schweden erklärten Frankreich den Krieg. Vom 16. bis 19. Oktober 1813 kam es zu der berühmten »Völkerschlacht« bei Leipzig. Napoleon konnte mit seiner neu aufgestellten Armee der Koalition nicht standhalten und erlitt die zweite schwere Niederlage. Im Frühjahr 1814 zogen die Verbündeten in Paris ein, Napoleon musste abdanken und wurde auf die Insel Elba verbannt. Ein Jahr später schaffte er es noch einmal nach Paris zu kommen, den neuen König zu stürzen und die Macht zu übernehmen. Wieder stellte er eine Armee auf, wurde jedoch von preußischen und englischen Truppen im Juni 1815 bei Waterloo endgültig geschlagen. Als Gefangener der englischen Regierung starb Napoleon am 5. Mai 1821 auf der kleinen Atlantikinsel St. Helena.

Die Herrschaft des Kaisers Napoleon hatte nur zehn Jahre gedauert, dann war sein Großreich wie ein Kartenhaus zusammengestürzt. Was ihn überdauerte, waren nicht seine Eroberungen als Feldherr, sondern die Neuerungen, die er als Regierungschef veranlasst hatte. Dazu zählte vor allem der »Code civil«, das »Bürgerliche Gesetzbuch« von 1804, mit dem wichtige Forderungen der Revolution verwirklicht wurden: ein einheitliches Recht für alle Franzosen; Gleichheit aller Bürger vor dem Gesetz; persönliche Freiheit; Beseitigung des Ständesystems; Zugang zu öffentlichen Ämtern nach Leistung, nicht nach Geburt; Gewerbefreiheit; freie Berufswahl; Recht auf Eigentum; Religionsfreiheit und Einführung der Zivilehe. Der »Code civil« wurde zum Vorbild für die bürgerlichen Gesetzbücher in Europa und überall auf der Welt.

Auch eine Verwaltungsreform brachte Napoleon viel Anerkennung. Frankreich wurde in 98 Departements eingeteilt, die jedoch nicht selbstständig waren, sondern Weisungen aus Paris erhielten. Zentral gesteuert wurde auch der Ausbau eines staatlich kontrollierten Schulwesens mit einheitlichen Lehr- und Stundenplänen für das ganze Land – bis heute sitzen alle französischen Schüler in allen Landesteilen vor den gleichen Abituraufgaben.

Auch in Deutschland ließ Napoleon nach seinen militärischen Erfolgen Reformen einleiten. So wurden zum Beispiel die geistlichen Herrschaftsgebiete säkularisiert, das heißt an weltliche Fürsten übergeben; 112 Reichsbistümer verschwanden von der politischen Landkarte. Außerdem verloren 350 Reichsritterschaften und viele Reichsstädte ihre Unabhängigkeit und wurden den Landesfürsten unterstellt. Die Zeit des in Hunderte von kleinen und kleinsten Herrschaftsgebiete zerstückelten Reiches war zu Ende; stattdessen gab es gestärkte und lebensfähige Mittelstaaten. Hauptgewinner dieser »politischen Flurbereinigung« waren Baden, Württemberg und Bayern, die deutlich größer wurden. Das Zusammenleben der Bürger wurde entsprechend den neuen französischen Gesetzen organisiert und geregelt. Das bedeutete einen großen Fortschritt, wenngleich die Bürger von der politischen Mitbestimmung ausgeschlossen blieben, denn ein vom Volk gewähltes Parlament gab es in Deutschland noch nicht.

Selbst Preußen und Österreich blieben von den französischen Ideen nicht verschont und gerieten in Zugzwang. »Wir müssen reformieren, um nicht zu revolutionieren, zu jenem helfe, vor diesem schütze Gott«, beschrieb ein preußischer Beamter die Lage. Die Freiherren vom Stein und von Hardenberg machten sich an die Arbeit und orientierten sich bei ihren Reformen weitgehend an Frankreich. Nach den Vorstellungen des Gelehrten Wilhelm von Humboldt modernisierte man das Schul- und Hochschulwesen. Noch heute bescheinigt man den deutschen Universitäten Humboldtschen Geist. Die Reformen insgesamt sollten aus den preußischen Untertanen selbstständig denkende Bürger machen, die verantwortungsbewusst im Staat mitarbeiten konnten – irgendwann sogar in einer dem König gleichberechtigt gegenüberstehenden Volksvertretung.

Und in noch einer Hinsicht wurde Napoleon zum großen Veränderer – hier allerdings ungewollt: In den von Frankreich besetzten und abhängigen Ländern hatte sich immer auch Widerstand geregt; je deutlicher wurde, dass Napoleon vor allem an Geld und Soldaten für seine Kriege interessiert war, desto mehr. Vor allem in Deutschland war im Widerstand gegen Napoleon eine nationale Bewegung entstanden. Hatten sich die Dichter und Denker des Landes schon länger als Angehörige einer »Kulturnation« verstanden, so wollte man jetzt auch eine »Staatsnation« werden. Der Philosoph Johann Gottlieb Fichte forderte seine Landsleute in den »Reden an die deutsche Nation« auf, sich »Charakter anzuschaffen« und wieder Deutsche zu sein. »Lassen wir nur nicht mit unserm Körper zugleich auch unsern Geist niedergebeugt und unterworfen und in die Gefangenschaft gebracht werden.« Nicht zuletzt der Wunsch, die unverwechselbaren nationalen Eigenheiten zu bewahren, hatte zu den »Befreiungskriegen« und zum Ende der französischen Vorherrschaft in Europa geführt. Das gesteigerte, oft auch übersteigerte Nationalbewusstsein der Deutschen hat hier eine seiner geschichtlichen Wurzeln.

32. Die industrielle Revolution

Nach der Befreiung von dem »französischen Unterdrücker« träumten viele Menschen in Europa von besseren Zeiten und mehr politischen Rechten für alle. Aber genau das wollten die Fürsten verhindern. Vom Herbst 1814 bis zum Sommer 1815 trafen sie sich zum »Wiener Kongress«, um Europa neu zu ordnen – und dabei möglichst viel beim Alten zu lassen. Unter Führung des österreichischen Kanzlers Fürst Metternich versuchten sie, die Zustände von vor 1789 wieder herzustellen. Sollten sie allerdings wirklich geglaubt haben, sie könnten die Uhren zurückdrehen, dann haben sie sich getäuscht. In Europa blieb es unruhig. Mit polizeistaatlichen Methoden gelang es den Fürsten zwar immer wieder, für »Ruhe und Ordnung« zu sorgen, aber die Unzufriedenheit der Menschen blieb. 1848 entlud sie sich schließlich in einer erneuten Revolution. Von Frankreich ausgehend verbreitete sie sich rasch in Europa. Überall verlangten die Menschen mehr politische Mitsprache; ein paar Monate hatte es sogar den Anschein, als würden die Fürsten diesmal nachgeben. Doch sie wollten nur Zeit gewinnen und frische Kräfte sammeln, um ihre Interessen einmal mehr mit militärischer Gewalt durchzusetzen. In Paris, in Wien, in Berlin, überall wurden die Aufstände niedergeschlagen.

Während die Fürsten die Veränderungen im politischen Bereich noch immer blockieren oder wenigstens verzögern konnten, veränderte sich das Wirtschaftsleben immer schneller. Was in der zweiten Hälfte des 18. Jahrhunderts in England begann, hatte so fundamentale Auswirkungen auf alle Lebensbereiche, dass man von einer »industriellen Revolution« spricht. Sie war die gründlichste Umwälzung menschlicher Lebensverhältnisse seit dem Beginn des Ackerbaus und der Sesshaftwerdung.

Als führende See- und Kolonialmacht der Welt war

England reich geworden. Dieser Reichtum und das stetig gewachsene Selbstbewusstsein eines aufgeklärten Bürgertums machten das Land auch zu einer führenden Geistesmacht. Dabei war für die Industrialisierung der Aufschwung der Naturwissenschaften von entscheidender Bedeutung. Als ihr geistiger Vater gilt Isaak Newton (1643–1727), der Naturphänomäne mit Hilfe von streng mathematisch formulierten Gesetzen beschrieb und deren Richtigkeit durch Beobachtungen und Experimente überprüfte. Mit Hilfe der so gewonnenen Erkenntnisse gelang es mehr und mehr, die Kräfte der Natur zu verstehen und technisch nutzbar zu machen. Ein Beispiel dafür und eine bahnbrechende Erfindung war die erste brauchbare Dampfmaschine, die James Watt 1789 konstruierte. Diese Maschine erleichterte die menschliche Arbeit nicht nur, sie vermochte sie in manchen Bereichen sogar ganz zu ersetzen. Der Bergbau und das Hüttenwesen, die Produktion von Eisen und Stahl wurden revolutioniert. Als nächstes profitierte das Textilgewerbe von der neuen Technik: Dampfgetriebene Spinnmaschinen und Webstühle wurden erfunden, die Verarbeitung von Baumwolle wurde erleichtert und beschleunigt, die Produktion von Textilien stieg sprunghaft an. Neue und größere Fabriken wurden gebaut, und bald brauchte man so viele Maschinen, dass auch die nicht mehr in Handwerksbetrieben, sondern in Fabriken hergestellt werden mussten. Immer mehr Eisen und Stahl war dazu nötig, vor allem aber

Damit die teuren Maschinen sich schnell bezahlt machten, mussten sie möglichst lange laufen und von billigen Arbeitskräften bedient werden. In den Webereien und Spinnereien setzten die Fabrikanten deshalb hauptsächlich Frauen und Kinder ein, die oft zehn und mehr Stunden am Tag arbeiten mussten.

mussten die Transportmöglichkeiten verbessert werden, um Rohstoffe und Waren möglichst schnell und preiswert an jeden gewünschten Ort zu bringen.

Das Dampfschiff und die Dampflokomotive waren die Antworten der Ingenieure auf die Transportfrage. 1821 wurde die erste Eisenbahnlinie zwischen Liverpool und Manchester eröffnet; durch den Ausbau des Schienennetzes wurde die Industrie weiter angekurbelt. Das Zeitalter der Massenproduktion begann, England machte sich auf den Weg, der erste Industriestaat der Welt zu werden.

Trotz aller Erfindungen und Erneuerungen aber brauchte man für die Industrialisierung vor allem Arbeitskräfte. Die kamen massenweise vom Land, weil sich von der Landwirtschaft allein bald nicht mehr leben ließ. Viele kleine Bauern mussten ihre Höfe verkaufen und wie Knechte und Mägde in die Städte ziehen. Die »Landflucht« wiederum führte zum raschen Wachstum der Städte. Zwischen 1760 und 1830 wuchs zum Beispiel Manchester von 17 000 auf 180 000 Einwohner und wurde zu einer der ersten typischen Industriestädte – mit vielen neuen Problemen: Die Menschen vom Land hatten bisher in einem »natürlichen Rhythmus« gelebt und gearbeitet; nun wurde daraus ein »künstlicher Rhythmus«, den die Fabrik und die Maschinen bestimmten. Daran konnten sich viele nur schwer oder gar nicht gewöhnen, was Arbeitslosigkeit und soziales Elend zur Folge hatte. Die Arbeiter und ihre Familien mussten in primitiven Massenquartieren mit unzureichenden sanitären Einrichtungen hausen; Krankheiten und Seuchen waren die Folge. Luft und Wasser waren stark verschmutzt, weil die Schlote ohne jegliche Schutzmaßnahmen rauchten. Der französische Gelehrte Alexis de Tocqueville schrieb nach einem Besuch in Manchester: »Die Zivilisation schafft sich ihre eigenen Wunder, und der zivilisierte Mensch ist fast wieder zum Wilden geworden.«

Die theoretische Grundlage für die neue Wirtschaftsform lieferte der schottische Nationalökonom Adam Smith (1723–1790). Sein Hauptwerk »Der Reichtum der

Nationen« wurde zur Bibel des nur am Gewinnstreben orientierten Wirtschaftens. Darin lehrte Smith unter anderem, dass die menschliche Arbeitskraft Quelle des wirtschaftlichen Fortschritts und des Reichtums einer Gesellschaft sei. Um sie optimal zu nutzen, müssten die Produktionsvorgänge in möglichst kleine Einheiten zerlegt und die Menschen zu Spezialisten gemacht werden. Auf dem Markt würden Angebot und Nachfrage dann darüber entscheiden, was die Waren kosten und in welcher Menge sie produziert werden sollten. Der Staat dürfe in diese Prozesse nicht eingreifen, weil er sonst »das freie Spiel der ökonomischen Kräfte« stören würde. Nur wenn sich alle »Mitspieler« frei entfalten könnten und dabei nach möglichst viel Eigennutz strebten, würde das zwangsläufig zur Hebung des allgemeinen Wohlstandes führen. Smith unterstellte also eine Harmonie zwischen Privatinteressen und Gemeinwohl. Doch davon spürten die sozial Schwachen nichts. Seine Lehre des »Wirtschaftsliberalismus« entsprach vor allem den Interessen der Fabrikanten und Kaufleute.

Obwohl sich die negativen Auswirkungen der Industrialisierung schon früh zeigten, wurde England zum großen Vorbild für andere Nationen. Bald machten die sich daran, dem englischen Beispiel zu folgen.

33. Eine Antwort auf die »Soziale Frage«

Massenhaft Arbeit suchende Menschen, niedrigste Löhne, Frauen- und Kinderarbeit, lange Arbeitszeiten, Wohnungsnot, Verlust von sozialen Bindungen, fehlende Absicherung bei Krankheit, Unfall, Alter und völlige Abhängigkeit von den Fabrikanten – so stellte sich die Industrialisierung aus Arbeitersicht dar. Friedrich Engels, der Sohn eines deutschen Fabrikanten, beobachte und beschrieb »Die Lage der arbeitenden Klasse in England«, so der Titel seines 1845 erschienenen Buches. Er kam zu dem Schluss, dass die Industrialisierung zwei Klassen hervorgebracht habe, die sich unversöhnlich gegenüberständen: die »besitzende Klasse« der wohlhabenden Bürger, die »Bourgeoisie«, und die »arbeitende Klasse« der lohnabhängigen Arbeiter, das »Proletariat«. Zwischen diesen beiden Klassen werde, ja müsse es zum Kampf, zum Krieg kommen. »Es ist zu spät zur friedlichen Lösung. Die Klassen sondern sich schroffer und schroffer, der Geist des Widerstandes durchdringt die Arbeiter mehr und mehr, die Erbitterung steigt, die einzelnen Guerillascharmützel konzentrieren sich zu bedeutenden Gefechten und Demonstrationen, und ein kleiner Anstoß wird bald hinreichen, um die Lawine in Bewegung zu setzen. Dann wird allerdings der Schlachtruf durch das Land schallen: ›Krieg den Palästen, Friede den Hütten!‹ – dann wird es aber zu spät sein, als dass sich die Reichen noch in Acht nehmen könnten.« Mit dieser Prophezeiung beendete Engels sein Buch.

Die Wirklichkeit sah allerdings anders aus, es blieb bei »einzelnen Guerillascharmützeln«. Mal stürmten wütende Arbeiter eine Fabrik und schlugen die Maschinen kaputt, mal zogen sie vor eine Fabrikantenvilla und verlangten mehr Lohn. Solche Aktionen wurden von der

Obrigkeit leicht und oft blutig niedergeschlagen. Aber auf Dauer war die »Soziale Frage« nicht mit Waffen zu lösen; sie verlangte andere Antworten. Immer mehr Menschen waren der Überzeugung, nur eine radikale Änderung der Verhältnisse könne helfen.

In Paris, Brüssel und London bildeten Emigranten aus verschiedenen europäischen Ländern revolutionäre Geheimbünde, unter anderem den »Bund der Gerechten«, dem auch Friedrich Engels und sein Freund Karl Marx (1818–1883) angehörten. 1847 wurde daraus der »Bund der Kommunisten«; die beiden Deutschen erhielten den Auftrag, ein politisches Programm zu verfassen. Das im Februar 1848 veröffentlichte »Manifest der Kommunistischen Partei« wurde zu einem bedeutenden geschichtlichen Dokument. Für die einen war das, was es verkündete, Heilslehre, für andere eine Teufelsbotschaft; ihre Verfasser wurden als Erlöser gefeiert oder als Verderber der Menschheit beschimpft.

Karl Marx (1818–1883)

»Die Geschichte aller bisherigen Gesellschaft ist die Geschichte von Klassenkämpfen. Freier und Sklave, Patrizier und Plebejer, Baron und Leibeigener, Zunftbürger und Gesell, kurz, Unterdrücker und Unterdrückte standen in stetem Gegensatz zueinander, führten einen ununterbrochenen Kampf, der jedes Mal mit einer revolutionären Umgestaltung der ganzen Gesellschaft endete oder mit dem gemeinsamen Untergang der kämpfenden Klassen« – so heißt es zu Beginn des »Kommunistischen Manifests«. In ihrer Zeit nun ständen sich, so Marx und Engels, die Bourgeoisie und das Proletariat gegenüber. Die Bourgeoisie habe eine wichtige historische Rolle gespielt und bei der Überwindung des Feudalismus Großes geleistet. Sie habe »in ihrer kaum hundertjährigen Klassenherrschaft« mehr Produktives geschaffen als alle vorangegangenen Generationen zusammen. Aber in der modernen Industrie werde der Arbeiter »ein bloßes Zubehör der Maschine, von dem nur der einfachste, eintönigste, am leichtesten erlernbare Handgriff verlangt wird.« So zum »Ding« degradiert, verrichte der Mensch keine sinnvolle, ihn befriedigende Arbeit und werde sich selbst fremd. Zweck der Warenproduktion sei nicht die Bedarfsdeckung der Menschen, sondern das Erzielen eines möglichst hohen Profits. Deshalb müssten die Kosten, also auch die Löhne möglichst niedrig sein; die logische Folge sei die »Verelendung des Proletariats«. Dadurch wiederum fehle Kaufkraft und es komme zu »Überproduktionskrisen«. Um diese »Epidemie« zu beenden, müssten die Kapitalisten enteignet und die Produktionsmittel Gemeineigentum werden. Dann wäre die Ausbeutung des Menschen durch den Menschen zu Ende, und die Arbeiter könnten endlich die Güter herstellen, die zur Befriedigung der Bedürfnisse aller gebraucht würden.

Am Ende dieser proletarischen Revolution stehe die klassenlose, kommunistische Gesellschaft, in der die Menschen nicht mehr fremdbestimmt seien, sondern getreu dem Motto »Jeder nach seinen Fähigkeiten, jeder nach seinen Bedürfnissen« leben könnten. Weiter heißt es: »Die Kommunisten verschmähen es, ihre Ansichten und Absichten zu verheimlichen. Sie erklären es offen, dass ihre Zwecke nur erreicht werden können durch den gewaltsamen Umsturz aller bisherigen Gesellschaftsordnung. Mögen die herrschenden Klassen vor einer kommunistischen Revolution zittern. Die Proletarier haben nichts in ihr zu verlieren als ihre Ketten. Sie haben eine Welt zu gewinnen. Proletarier aller Länder, vereinigt euch!«

Fast gleichzeitig mit der Veröffentlichung dieses Aufrufs brachen in mehreren Ländern Europas Revolutionen aus. Doch es war eher ein zufälliges zeitliches Zusammentreffen, die Gedanken von Marx und Engels spielten dabei noch keine nennenswerte Rolle. 1848/49 waren die Revolutionen noch nicht proletarisch-sozialistisch, sondern bürgerlich. Das änderte sich in den folgenden 100 Jahren, wenngleich nicht immer in der von Marx und Engels erwarteten Weise. Vieles von dem, was der bald nach seinem Hauptschöpfer genannte »Marxismus« prophezeite, ist nicht eingetroffen. Doch seiner Wirkung auf den weiteren Gang der Geschichte tat das keinen Abbruch.

34. Amerika den Amerikanern

Auch außerhalb Europas war das 19. Jahrhundert ein Jahrhundert der Umbrüche.

Nach der Unabhängigkeitserklärung der Vereinigten Staaten entstand auch in »Lateinamerika«, wie man die Mitte und den Süden des Kontinents nennt, eine Unabhängigkeitsbewegung. Das Gebiet südlich der USA gehörte größtenteils zum spanischen Kolonialreich, nur Brasilien war portugiesisch. Die Nachkommen der weißen Siedler, die in den Kolonien aufgewachsen waren, nannte man »Kreolen«. Sie hatten das Land zwar kultiviert, besaßen aber keine politische Macht. Regiert wurden sie von spanischen und portugiesischen Beamten. Das wollten die Kreolen ändern, wenn nötig mit Gewalt. Anfangs kämpften viele einzelne Gruppen gegen die spanischen Soldaten. Doch die weitsichtigen unter ihren Anführern begriffen bald, dass der Kampf so nicht zu gewinnen war. Sie fassten die verschiedenen Gruppen zusammen und formten schlagkräftige Armeen. Unter Führung von José de San Martin im Süden und Simón Bolívar im Norden gelang es den Befreiungsarmeen mit Unterstützung der USA, die Spanier zu schlagen.

Zwischen 1810 und 1825 wurden alle lateinamerikanischen Länder von der Kolonialherrschaft befreit. Simón Bolívar versuchte, sie zu *einer* Republik zu vereinigen, ähnlich wie die USA. Aber die meisten Länder wollten unabhängig bleiben und ihre eigenen Wege gehen. Es entstanden Argentinien, Bolivien – das sich nach Simón Bolívar benannte –, Brasilien, Chile, Peru und die anderen Staaten, die wir heute kennen. Einig waren sie nur, wenn es gegen die Ansprüche der europäischen Kolonialmächte ging; unterstützt wurden sie auch hier von den USA. Deren Präsident Monroe mahnte 1823 die Europäer, sich aus den amerikanischen Ländern herauszuhalten, da er jede Einmischung »als Kundgabe einer unfreundlichen Gesinnung gegen die Vereinigten Staaten betrachte«. Im Klartext bedeutete diese »Monroe-Doktrin«, dass von nun an »Amerika den Amerikanern« gehören werde. Diese 180 Jahre alte Auffassung ist bis heute eine wichtige Leitlinie der amerikanischen Politik.

Die Unabhängigkeit aber brachte für die meisten Menschen nicht die erhoffte Freiheit. Statt von den Spaniern und Portugiesen wurden die Indios, die Schwarzen und die Mischlinge aus allen dort lebenden ethnischen Gruppen nun von den Kreolen beherrscht. Das Wahlrecht besaßen nur Grundbesitzer, Geschäftsleute, Beamte und die geistige Elite. Neue Gesetze sorgten dafür, dass die Reichen immer reicher wurden und die Armen immer schwerere Lasten tragen mussten – so lange, bis es ihnen zu viel wurde und sie sich gegen die Herrschenden erhoben. Diese Aufstände und Revolutionen wurden entweder durch Militärdiktaturen oder durch die Ankündigung von Reformen beendet. Wenn die Reformen dann überhaupt eingeführt wurden, waren sie meist von kurzer Dauer. Regelmäßig herrschten bald wieder ähnliche Zustände wie zuvor. Die lateinamerikanischen Länder waren von Anfang an instabil, und sie blieben es bis ins 20. Jahrhundert – vielleicht ein Grund dafür, dass sie trotz unermesslicher Naturschätze immer arm geblieben sind. Profitiert haben in diesen Ländern die weißen Minderheiten, außerhalb vor allem die USA. Das »weiße« Amerika stützte die »weiße« Herrschaft auch in der Mitte und im Süden des Kontinents. Lateinamerika geriet in die wirtschaftliche Abhängigkeit der USA und blieb es bis heute.

In jener Zeit war auch die »Zweite Entdeckung Amerikas« weitgehend abgeschlossen: Weiße Siedler hatten den »Wilden Westen« Schritt für Schritt erschlossen und waren bis zum Pazifischen Ozean vorgedrungen. Dabei nahmen sie den Ureinwohnern ihr Land und damit ihre Lebensgrundlage. Viele Indianer wurden getötet oder in Reservate gesteckt. Später wurden in mehreren Kriegen ganze Indianervölker vernichtet. Erst 1924 erhielten diejenigen, die noch übrig geblieben waren, offiziell die Bürgerrechte.

Mit der Besiedlung des »Wilden Westens« durch die Weißen entstand die Frage, ob die Sklaverei in den neuen Bundesstaaten erlaubt sein sollte. Für die reichen und einflussreichen Südstaatler war das selbstverständlich. Im Norden sah man die Sache anders. Dort lehnten viele Menschen die Sklaverei ab. Dazu trug auch ein Buch bei, das 1852 veröffentlicht worden war: Harriet Beecher Stowes Roman »Onkel Toms Hütte«. Die plastische Schilderung des Lebens der Sklaven wurde ein Bestseller, stimmte manche Nordstaatler zumindest nachdenklich und machte andere zu Gegnern der Sklaverei.

1854 entstand im Norden eine neue, die »Republikanische Partei«. Ein wichtiger Punkt ihres Programms war die Abschaffung der Sklaverei. Als ihr Kandidat Abraham Lincoln 1860 zum Präsidenten gewählt wurde, traten die Südstaaten aus der Union mit dem Norden aus und gründeten die »Konföderierten Staaten von Amerika«. Lincoln sprach ihnen das Recht dazu ab. Der Streit darüber wurde heftiger und am 12. April 1861 begann der »Sezessionskrieg«, der große amerikanische Bürgerkrieg. Anfangs errangen die meist freiwilligen Soldaten der Südstaaten beachtliche Erfolge. Aber nach vier Jahren Krieg mit verlustreichen Schlachten mussten sie vor der zahlenmäßigen, wirtschaftlichen und technischen Überlegenheit des Nordens kapitulieren.

In einer großen Rede sagte Präsident Lincoln danach: »Wir haben für mehr als für die Beendigung der Sklaverei gekämpft, für mehr als die Erhaltung der Union. Wir haben gekämpft, damit die Regierung des Volkes durch das Volk und für das Volk nicht von der Erde verschwindet.« Lincoln selbst musste den Sieg allerdings mit dem Leben bezahlen. Nur fünf Tage nach der Kapitulation wurde er am 14. April 1865 von einem fanatischen Südstaatler ermordet. In dem erbittert geführten Krieg waren etwa 600 000 Menschen gestorben. Große Gebiete des Südens waren so verwüstet, dass die Auswirkungen bis in unsere

Zeit spürbar blieben. Der Süden blieb immer ärmer als der Norden.

Die Sklaverei wurde nach dem Bürgerkrieg abgeschafft. Das hieß jedoch nicht, dass nun die schwarzen den weißen Bürgern der USA gleichgestellt worden wären. Sie waren es auch in der Folgezeit weder rechtlich noch sozial. Die wiedervereinigten Staaten von Amerika aber wurden bald zu einem der reichsten und mächtigsten Länder der Welt.

35. Deine Kolonie, meine Kolonie

Nach dem Verlust ihrer Kolonien in Amerika wandten sich die europäischen Kolonialmächte, allen voran England, wieder verstärkt dem Fernen Osten zu.

Aus Indien hatte England die europäischen Konkurrenten nach und nach verdrängt, zuletzt Frankreich in einem siebenjährgen Krieg von 1756 bis 1763. Dennoch war Indien noch nicht Teil des britischen Reichs; es wurde beherrscht von der »Ostindischen Kompanie«, einer privaten Handelsgesellschaft, die sich allmählich in eine Quasi-Regierung verwandelte. Formal regierten bis Mitte des 19. Jahrhunderts die indischen Fürsten, faktisch hatten auf dem gesamten indischen Subkontinent die Briten die Macht. Die wollten das Land nun modernisieren, das heißt »westlicher« machen. Dabei nahmen sie wenig Rücksicht auf die indische Lebensweise und Kultur. Das führte 1857 zu einer Meuterei indischer Soldaten gegen ihre englischen Offiziere. Die Meuterei breitete sich rasch aus und wurde zu einem Aufstand gegen die britische Herrschaft. Doch es gelang den Engländern, den Aufstand mit Hilfe loyaler indischer Truppen niederzuschlagen. Danach übernahmen sie die Regierung in Indien auch offiziell, und Königin Viktoria wurde zur »Kaiserin von Indien« ernannt. An der Politik änderte sich dadurch kaum etwas. Indien wurde wie alle Kolonien hauptsächlich als Rohstoff- und Absatzmarkt gesehen und behandelt. Der Aufbau leistungsfähiger Industrien und die Verbesserung der Lebensverhälnisse der Bevölkerung lagen nicht im englischen Interesse.

Ein besonders wichtiges indisches Produkt war Opium. Mit Hilfe dieser Droge wollten die englischen Geschäftsleute ein altes Problem lösen: Seit jeher war der Handel mit China schwierig; die Europäer wünschten sich chinesische Waren, aber China hatte – wir hörten bereits davon – keinen Bedarf an europäischen. Um Tee, Porzellan und Seide nicht mit Geld bezahlen zu müssen, boten die Engländer nun Opium zum Tausch an. Und das böse Geschäft funktionierte: Der Opiumkonsum in China stieg sprunghaft an, Millionen Chinesen verfielen dem Rauschgift. Die chinesische Regierung musste reagieren. Sie ließ große Mengen Opium auf englischen Handelsschiffen beschlagnahmen und versuchte die Einfuhr der gefährlichen Droge unter Kontrolle zu bringen. England schickte Kriegsschiffe, es kam zum ersten »Opiumkrieg« von 1839 bis 1842, dem 1856 bis 1860 noch ein zweiter folgte. Englische und französische Truppen drangen gemeinsam bis nach Peking vor, wo sie den Palast des Kaisers plünderten und niederbrannten. China musste Land abtreten und wurde gezwungen, seine Häfen für den Außenhandel zu öffnen. Bald stand die chinesische Wirtschaft weitgehend unter dem Einfluss und der Kontrolle europäischer Regierungen und Firmen. Es gab sogar Pläne, China unter den Großmächten England, Frankreich und Russland aufzuteilen; dazu kam es nur deshalb nicht, weil die drei sich nicht einigen konnten.

Wie der große Nachbar China, so hatte sich auch Japan lange von der Welt abgeschottet. Auch davon hörten wir schon. Zu Beginn des 19. Jahrhunderts war es für westliche Händler immer noch schwer, in Japan Fuß zu fassen. Das Ende der japanischen Isolationspolitik wurde am 8. Juli 1853 eingeleitet. An diesem Tag landeten vier amerikanische Kanonenboote in der Bucht von Yedo, dem späteren Tokio. Ihr Kommandant, Admiral Perry, überbrachte im Namen des amerikanischen Präsidenten Geschenke und verlangte den Abschluss eines Handelsvertrages. Der Kaiser lehnte ab und wies die Amerikaner aus dem Land. Doch acht Monate später kam Perry mit zehn Kriegsschiffen zurück und erzwang den Vertragsabschluss. Japan machte gute Miene zum bösen Spiel und begann unter Führung des jungen Kaisers Mutsuhito vom Westen zu lernen. Ziel Mutsuhitos war, Japan wirtschaftlich

Ein japanischer Holzschnitt zeigt ein mächtiges amerikanisches Kriegsschiff im Hafen von Tokio. Es ist offensichtlich, dass Gegenwehr sinnlos wäre.

und militärisch so stark zu machen, dass ihm nie wieder ein anderes Land seinen Willen aufzwingen konnte. Dazu wollte er alles nachahmen, was die westlichen Großmächte so überlegen machte. Die Ergebnisse dieses Lernprozesses zeigen noch heute, dass die Japaner »die besten Schüler der ganzen Weltgeschichte« sind, wie der Historiker Ernst Gombrich treffend schrieb. Es dauerte kaum 50 Jahre, bis Japan sich zu einer modernen Industrienation gewandelt hatte. Danach sollte es bald zur Großmacht in Ostasien werden.

Obwohl die USA mit ihrem Vorgehen in Japan zum ersten Mal in den kolonialen Wettbewerb außerhalb Amerikas eingegriffen hatten, blieb Großbritannien noch für lange Zeit die führende Kolonialmacht. Australien und Neuseeland gehörten ebenso zum britischen Weltreich wie einige Teile der anderen Pazifikinseln. Den Rest dieser Inseln teilten sich Holland, Frankreich und Portugal.

Nachdem Amerika, Asien und Ozeanien aufgeteilt waren, blieb schließlich nur noch Afrika als Beute für die Großmächte. Der »schwarze Kontinent« war für sie jahrhundertelang nur wegen des profitablen Sklavenhandels von Interesse gewesen. Wie viele Afrikaner Opfer dieses Menschenhandels geworden sind, lässt sich nur ahnen. Zehn Millionen gelten als untere Grenze, wahrscheinlicher sind 20 bis 30 Millionen; es gibt auch Schätzungen, die von 50 Millionen ausgehen. Der große Verlust an Menschen hatte für Afrika verheerende Folgen: In vielen Gebieten wurden die traditionellen Stammesstrukturen und damit die Lebensgrundlagen der Menschen zerstört.

Mit der Eröffnung des Suezkanals 1869 begann die vielzitierte »Balgerei um Afrika«. Bis zur Jahrhundertwende war der Kontinent weitgehend in europäischen Händen. In die Reihen der Kolonialmächte trat erstmals auch das 1871 gegründete Deutsche Reich. So lange hatte es gedauert, bis der zu Anfang des Jahrhunderts beschworene deutsche Nationalstaat Wirklichkeit geworden war. Nun strebte auch er nach Kolonialbesitz. Der Afrikaforscher Karl Peters hatte dafür das Leitmotiv formuliert: »Die deutsche Nation ist bei der Verteilung der Erde leer ausgegangen. Es gilt, das Versäumte von Jahrhunderten gutzumachen.«

Gerechtfertigt wurde die Inbesitznahme des zweitgrößten Kontinents der Erde mit pseudowissenschaftlichen Lehren über die angebliche Minderwertigkeit von dessen schwarzen Bewohnern. Ihnen wolle man Kultur und Zivilisation bringen, so behaupteten die Weißen. Tatsächlich ging es ihnen um Rohstoffe und Bodenschätze, um Macht und Geld.

36. Am deutschen Wesen soll die Welt genesen

Wenn die Politik eines Staates zum Ziel hat, Macht über andere Völker zu erringen, spricht man von einer imperialistischen Politik. Die hat es gegeben, seit es so etwas wie Staaten gibt. Man denke nur an das alte Rom oder die mittelalterlichen Kaiserreiche. Weil die industrialisierten Staaten Europas, die USA und Japan seit der zweiten Hälfte des 19. Jahrhunderts in einem regelrechten Wettlauf möglichst viele Völker der restlichen Welt beherrschen wollten, spricht man von einem »Zeitalter des Imperialismus«. Der britische Kolonialpolitiker Cecil Rhodes schrieb 1877: »Ich behaupte, dass wir die erste Rasse in der Welt sind und dass es für die Menschheit um so besser ist, je größere Teile der Welt wir bewohnen.« Dieses Denken gab es auch in anderen Ländern, so in Deutschland.

Dem preußischen Ministerpräsidenten Otto von Bismarck (1815–1898) war es nach drei siegreichen Kriegen und mit großem diplomatischen Geschick gelungen, 1871 ein preußisch dominiertes Deutsches Kaiserreich ohne Österreich-Ungarn zu gründen. Diese neue Großmacht im Herzen Europas wirkte auf seine Nachbarn bedrohlich und wurde misstrauisch beobachtet. Solange Bismarck als Reichskanzler die Fäden in der Hand hielt, konnte er die Nachbarn beschwichtigen, indem er erklärte, Deutschland sei zufrieden mit seinem Territorium, sei »saturiert«. Seine ausgeklügelte Bündnispolitik sicherte die Stellung des Reiches und erhielt Europa den Frieden.

1888 aber wurde der 29jährige Wilhelm II. Kaiser und steuerte schon bald einen »neuen Kurs«. Zum Leitspruch des ehrgeizigen, sprunghaften und eitlen jungen Regenten wurde der Satz: »Am deutschen Wesen soll die Welt genesen.« Den alten Reichskanzler entließ er, weil der seine

»Der Lotse geht von Bord« stand unter dieser Karikatur in einer englischen Zeitschrift. Nicht nur in England fragte man sich, ob der junge Kaiser in der Lage war, das Staatsschiff sicher durch schwierige Gewässer zu steuern.

Weltmachtphantasien nicht teilte. Danach ging es »mit Volldampf voraus«, wie der Kaiser zu sagen pflegte. Der spätere Reichskanzler von Bülow hielt 1897 vor dem Reichstag eine Rede zur Kolonialpolitik und schloss mit den Worten: »Die Zeiten, wo der Deutsche dem einen Nachbarn die Erde überließ, dem anderen das Meer und sich selbst den Himmel reservierte, diese Zeiten sind vorbei… Wir wollen niemand in den Schatten stellen, aber wir verlangen auch unseren Platz an der Sonne.« Um diesen Platz zu erobern, war vor allem eine Flotte nötig. Denn nur damit konnten Rohstoff- und Absatzmärkte in Übersee erobert und gesichert werden. Also gab der Kaiser den Befehl, möglichst rasch eine starke Schlachtflotte aufzubauen.

Zum ersten Mal in der Geschichte sah daraufhin England seinen Rang als stärkste Seemacht der Welt gefährdet und rüstete seinerseits die Flotte mit gewaltigen Großkampfschiffen auf. Auch die anderen europäischen Staaten schauten dem deutschen »Säbelrasseln« nicht tatenlos zu. Und als die deutsche Regierung die Bismarckschen Bündnisverträge nicht verlängerte, schlossen England, Frankreich und Russland ihrerseits Verträge, die Kriege untereinander verhindern sollten. Deutschland wurde isoliert und fühlte sich bald von Feinden umgeben. Der Kaiser und seine Regierung glaubten, noch weiter aufrüsten zu müssen, um deutsche Interessen notfalls mit Waffengewalt durchsetzen zu können. Dieses allgemeine Hochrüsten und ein übersteigerter Nationalismus machten Europa zu einem Pulverfass, das schon beim kleinsten Funken explodieren konnte – und alle Beteiligten schienen geradezu auf einen solchen Funken zu warten. Kaum jemand bemühte sich noch ernsthaft, den Frieden zu erhalten.

37. Die »Mutterkatastrophe« des 20. Jahrhunderts

Am 28. Juni 1914 wurden der österreichische Thronfolger Franz Ferdinand und seine Frau in der bosnischen Hauptstadt Sarajewo ermordet. Der Täter war ein serbischer Nationalist, der wie viele seiner Landsleute von einem großserbischen Reich träumte und im österreichischen Thronfolger jemanden sah, der diesem Traum im Wege stand. Sein Mordanschlag hätte keinen großen Krieg zur Folge haben müssen und in anderen Zeiten wohl auch nicht gehabt. Aber nun wurde er zu dem Funken, der die große Explosion auslöste. Später hieß es, niemand habe den Krieg wirklich gewollt, die »Männer und Mächte« seien in ihn »hineingeschlittert, hineingestolpert, hineingetaumelt«. All diese Vokabeln wollen sagen, dass die »großen Männer« sich nicht unter Kontrolle hatten – und für diese Ansicht gibt es gute Gründe. Es gab und gibt aber auch Stimmen, die diese Sicht nicht gelten lassen und manchen »großen Männern« unterstellen, sie hätten sehr genau gewusst, was sie taten. So schrieb etwa der deutsche Historiker Fritz Fischer in seinem Buch »Der Griff nach der Weltmacht«, der Mord von Sarajewo sei für die deutsche Führung die »große Gelegenheit zum lange vorbereiteten Krieg« gewesen.

Wie dem auch sei, Deutschland hätte den Krieg am ehesten verhindern können, denn allein konnte Österreich-Ungarn gegen das mit Russland verbündete Serbien nicht vorgehen. Aber Wilhelm II. sicherte dem Kaiser in Wien für jeden Fall Beistand zu und ermunterte ihn mit diesem »Blankoscheck« zum Krieg gegen Serbien. Die Bündnismaschinerie kam ins Rollen und bis zum 4. August folgte eine Kriegserklärung der anderen. Deutschland und Österreich standen Serbien, Russland, Frankreich und England gegenüber.

Der Kriegsbeginn wurde fast überall in Europa bejubelt. Viele Menschen schienen beinahe erleichtert, dass sich die Spannung der letzten Monate nun endlich entlud. Vor allem in Deutschland rechnete man mit einem kurzen Krieg; die Soldaten waren überzeugt, sie würden an Weihnachten wieder zu Hause sein und als Helden gefeiert werden. Warnende Stimmen wurden überhört oder nicht ernst genommen. Sie kamen vor allem von Dichtern und Künstlern, aber auch manche Politiker wiesen vergeblich auf die Folgen eines Krieges hin. So sagte der englische Außenminister Edward Grey am 4. August: »In diesem Augenblick gehen in ganz Europa die Lichter aus; wir werden sie in unserem Leben nie wieder leuchten sehen.« Das wurde als Schwarzmalerei abgetan.

Kurze Zeit sah es tatsächlich so aus, als sollten die warnenden Stimmen Lügen gestraft werden. Die deutschen Truppen überrollten ihre Gegner an der West- und Ostfront, ein schnelles Ende des Krieges schien möglich. Doch dann stoppten französische und englische Truppen den deutschen Angriff kurz vor Paris. Nach der Marneschlacht vom 6. bis 9. September wurde aus dem Bewegungs- ein Stellungskrieg. Damit ließen sich die deutschen Kriegspläne nicht mehr verwirklichen, der Krieg war für Deutschland und seinen Partner Österreich-Un-

Die Aufschriften auf dem Eisenbahnwaggon zeigen, welche Vorstellung die deutschen Soldaten von ihrem Einsatz an der Westfront hatten. Sie ahnten nicht, dass viele von dem »Ausflug nach Paris« nicht heimkehren würden.

garn praktisch schon verloren. Dennoch wurde an beiden Fronten weiter gekämpft. Die Soldaten gruben sich in Schützengräben ein, wurden beschossen, schossen selbst, ohne dass eine Seite sich durchsetzen konnte. Ein paar hundert Meter Geländegewinn musste mit vielen Toten bezahlt werden. So ging das vier lange Jahre; die Soldaten waren dabei kaum mehr als »Kanonenfutter«.

Schrecklicher Höhepunkt dieses neuartigen Krieges, in dem erstmals Maschinengewehre, Panzerwagen, Flugzeuge, U-Boote und Giftgas eingesetzt wurden, war die Schlacht von Verdun: Anfang 1916 wollte die deutsche Oberste Heeresleitung (OHL) Frankreich »ausbluten« und damit doch noch die Wende erzwingen. In einer monatelangen »Materialschlacht«, wie die Welt sie noch nicht gesehen hatte, starben etwa 700 000 Franzosen und Deutsche. Kurz vor seinem Tod schrieb einer von ihnen: »Gegenüber unserer Stellung scheint die Welt unterzugehen. Raus aus den Gräben! Kein Quadratmeter, der nicht zerwühlt ist. Die Maschinengewehre rasseln, das Infanteriefeuer rollt. Ein Höllenlärm. Da stürzt einer, dort wieder einer. Leutnant U., unser derzeitiger Kompanieführer, steht auf – da – spritzen Fetzen seiner Generalstabskarte, er krampft die Hände vor die Brust und fällt vorne über. Nach wenigen Minuten ist er tot. Um 12 Uhr mittags rafft sich der Feind zu einem Gegenstoß auf. Unter Granat-

Das war die Realität des Ersten Weltkriegs: verwüstete Landschaften, denen man die Grausamkeit der Stellungs- und Grabenkämpfe auch nach der Schlacht noch ansieht.

hagel geht es zurück.« Selten wurde die Sinnlosigkeit des Krieges deutlicher als in der »Hölle von Verdun«.

Zum wirklichen Weltkrieg, dem ersten, wurde dieser Krieg, als die deutsche OHL Anfang 1917 den »uneingeschränkten U-Boot-Krieg« befahl. »Uneingeschränkt« bedeutete, dass auch neutrale Schiffe, darunter amerikanische, versenkt werden sollten. Daraufhin erklärten die USA am 6. April 1917 Deutschland den Krieg. Aber das deutsche Militär mit den Generälen Hindenburg und Ludendorff an der Spitze, wollte immer noch nicht wahrhaben, dass der Krieg nicht mehr zu gewinnen war. Sie träumten weiter von einem »Siegfrieden« und lehnten die Friedensinitiative des Deutschen Reichstages ebenso ab wie die des amerikanischen Präsidenten Woodrow Wilson. Noch im März 1918 diktierten sie der neuen russischen Führung unter dem Revolutionär Lenin den harten »Gewaltfrieden von Brest-Litowsk«. Doch ein halbes Jahr später konnte selbst die OHL nicht länger leugnen, dass der Krieg verloren war. General Ludendorff gestand am 1. Oktober 1918 vor hohen Offizieren: »Die Oberste Heeresleitung und das deutsche Heer sind am Ende. Der Krieg ist nicht mehr zu gewinnen, vielmehr steht die endgültige Niederlage unmittelbar bevor.« Aber die Verantwortung für die Niederlage wollten er und die OHL nicht übernehmen. Deshalb schlug er dem Kaiser vor, »jetzt auch diejenigen Kreise an die Regierung zu bringen, denen wir es in der Hauptsache zu danken haben, dass wir so weit gekommen sind: Die sollen nun den Frieden schließen, der jetzt geschlossen werden muss. Sie sollen die Suppe jetzt essen, die sie uns eingebrockt haben«. Das war eine infame Verdrehung der Tatsachen nur zu dem Zweck, die Armee vor der Schmach der Kapitulation zu bewahren. Die Verantwortung für die Niederlage sollten die Parteien, vor allem die Partei der deutschen Arbeiter, die Sozialdemokraten, tragen. Und die Strategie der Generäle war erfolgreich – zum Schaden der ersten deutschen Republik, wie sich noch zeigen wird.

Aber noch war der Krieg nicht zu Ende. Obwohl Ludendorff die Niederlage eingestanden hatte und am 26. Oktober zurücktrat, gab die Seekriegsleitung zwei Tage später der Hochseeflotte den Befehl, zum letzten Gefecht gegen die englische Flotte auszulaufen. Jetzt aber wollten die Matrosen kein Kanonenfutter mehr sein und wagten den Aufstand, der schnell auf Arbeiter und Soldaten übergriff und sich zur »Novemberrevolution« ausweitete. Am 9. November 1918 rief der Sozialdemokrat Philipp Scheidemann die »Deutsche Republik« aus; Kaiser Wilhelm II. floh nach Holland und die Landesfürsten dankten ab. Am 11. November unterzeichnete ein Vertreter der neuen sozialdemokratisch geführten Regierung den Waffenstillstand, damit die Waffen endlich schweigen. Zu der folgenden Friedenskonferenz in Paris war Deutschland nicht zugelassen. Die Sieger saßen zu Gericht und formulierten den »Versailler Vertrag«, der in manchen Punkten sehr hart war und nicht nur in Deutschland als ungerecht empfunden wurde. Vor allem Artikel 231, der Deutschland und seinen Verbündeten die alleinige Schuld am Ausbruch des Krieges gab und sie »für alle Verluste und Schäden verantwortlich« machte, löste in Deutschland Empörung aus. Ministerpräsident Scheidemann weigerte sich, den Vertrag zu unterschreiben und trat zurück. Als die Sieger mit der Weiterführung des Krieges drohten, musste die neue deutsche Regierung doch unterschreiben.

In Deutschland wuchs der Zorn gegen die demokratischen Politiker, die in den Augen vieler Menschen für den »Schandfrieden« und die »Schmach von Versailles« verantwortlich waren. Rechte Parteien und Verbände riefen bald nach einer »Revision von Versailles«; heute kann man sagen, dass im Friedensvertrag, der den Ersten Weltkrieg beendete, schon der Keim für den Zweiten Weltkrieg lag.

Der Erste Weltkrieg kostete mehr als 10 Millionen Menschenleben. Weitere 30 Millionen Menschen wurden zum Teil schwer verwundet und waren für ihr Leben gezeichnet. Er veränderte die Welt grundlegend. Mit Russland, dem Deutschen Reich und Österreich-Ungarn brachen drei große Monarchien zusammen; der österreichische Vielvölkerstaat löste sich auf, neue Staaten wie die Tschechoslowakei und Jugoslawien entstanden. Auch das Osmanische Reich zerbrach endgültig. Die Türkei wurde ein selbstständiger Staat. Andere Länder und Gebiete im Nahen Osten wurden unter englische und französische Verwaltung gestellt. Frankreich und England gehörten zwar zu den Siegern, hatten jedoch große Verluste erlitten und waren wirtschaftlich und politisch geschwächt. Insgesamt gesehen verlor Europa seine beherrschende Rolle in der Welt; dafür traten die Vereinigten Staaten zum ersten Mal als Weltmacht in Erscheinung. Sie waren der eigentliche Gewinner des Krieges. Ihr Kriegseintritt und die russische Oktoberrevolution machen 1917 zu einem »Epochenjahr«. Obwohl die junge Sowjetrepublik noch schwach war, begann mit der ersten sozialistischen Revolution die Teilung der Welt in weltanschaulich, »ideologisch«, verfeindete Blöcke.

38. Der erste sozialistische Staat

Gegen Ende des 19. Jahrhunderts hatten im zaristischen Russland die Schriften von Marx und Engels an Einfluss gewonnen, zuerst nicht unter den Arbeitern, an die sie eigentlich gerichtet worden waren, sondern unter den Intellektuellen. Einer dieser Intellektuellen war Wladimir Iljitsch Uljanow, genannt Lenin (1870–1924). Seit seiner Studienzeit hatte er sich mit den Lehren von Marx beschäftigt, und er erkannte, dass sie sich auf das rückständige Russland nicht anwenden ließen. Also musste er den Marxismus so verändern, dass er auf die russischen Verhältnisse passte: Lenin zufolge konnte die sozialistische Revolution nicht nur in den hochindustrialisierten kapitalistischen Ländern mit einem klassenbewussten Proletariat ausbrechen; sie konnte auch in einem wenig entwickelten Land beginnen, von dort auf andere Länder übergreifen und sich so über die ganze Welt ausbreiten. Dazu sei allerdings eine straff organisierte »Kaderpartei« von Berufsrevolutionären notwendig, die das Proletariat führten und im Volk für das richtige Bewusstsein sorgten. Nur diese Partei könne entscheiden, wann der geeignete Zeitpunkt für die Revolution gekommen sei. Und auch in der anschließenden Übergangsphase von der sozialistischen in die kommunistische Gesellschaft müsse die Partei die Führung behalten und das Volk vor revolutionsfeindlichen »reaktionären« Kräften schützen.

Dieser »Leninismus« war in der Sozialdemokratischen Arbeiterpartei Russlands, die nur im Untergrund oder im Ausland agieren konnte, durchaus umstritten. Es kam zu Auseinandersetzungen und zur Spaltung in radikale »Bolschewiki« und gemäßigte »Menschewiki«. Unter Lenins Führung wurden die Bolschewiki zur entscheidenden Kraft in der Oktoberrevolution von 1917.

Wladimir Iljitsch Uljanow, genannt Lenin (1870–1924)

Im Februar dieses Jahres hatten kriegsmüde Arbeiter und Soldaten in Petersburg einen Aufstand gewagt, den Zar zur Abdankung gezwungen und die Republik ausgerufen. Doch die neue provisorische Regierung wollte nur eine politische, keine soziale Revolution; die Lage der Arbeiter und Bauern änderte sich nicht. Und die Regierung setzte den Krieg gegen Deutschland fort, wodurch die Versorgung des Volkes sich weiter verschlechterte. In dieser Situation kehrte der im Schweizer Exil lebende Lenin nach Russland zurück und forderte in seinen »Aprilthesen« die sofortige Beendigung des Krieges, den Sturz der provisorischen Regierung, alle Macht für die Arbeiter- und Soldatenräte – die »Sowjets« –, die Enteignung der Großgrundbesitzer und die Aufteilung des Landes unter den Bauern.

Die Regierung verbot Lenins Partei, setzte Truppen gegen demonstrierende Arbeiter, Bauern und Soldaten ein und konnte sich mit Mühe an der Macht halten. Doch je schlechter die Versorgungslage wurde, desto mehr Anziehungskraft gewann Lenins Parole »Friede, Land und Brot«. Im Oktober sah er den richtigen Zeitpunkt zum Handeln gekommen. »Die Regierung schwankt. Man muss ihr den Rest geben, koste es, was es wolle.« Das Zentralkomitee der Partei beschloss, am 25. Oktober – nach westlichem Kalender war es der 7. November – die Macht zu übernehmen. In der Nacht vom 24. zum 25. Oktober besetzten die Bolschewiki alle wichtigen Einrichtungen der Hauptstadt. Die »Rote Garde« stürmte das »Winterpalais« und verhaftete die dort tagende provisorische Regierung. Noch am Abend trat der »Zweite Allrussische Sowjetkongress« zusammen, auf dem Lenin die Sozialistische Sowjetrepublik ausrief. Die Menschewiki verließen unter Protest gegen das Vorgehen und die Ziele der Bolschewiki den Kongress. Der Restkongress setzte einen »Rat der Volkskommissare« unter Führung Lenins als Revolutionsregierung ein. Damit hatten die Bolschewiki nahezu unblutig die Macht an sich gerissen. Umgehend erließen sie »Dekrete«, mit denen sie die zentralen

Forderungen nach Frieden, Land und Brot verwirklichen wollten. In weiteren Dekreten wurden Industrie und Banken verstaatlicht, ebenso der Kirchenbesitz. Jeglicher Privathandel wurde verboten und die Verteilung der Waren von der Regierung organisiert. An die Stelle des alten Gerichtswesens traten Volksgerichtshöfe mit gewählten Richtern. Frauen sollten gleichberechtigt mit Männern werden. Ehescheidungen wurden erleichtert und uneheliche Kinder den ehelichen gleichgestellt. Schulen und Universitäten wurden dem arbeitenden Volk geöffnet, Bildung, Wissenschaft und Kunst sollten zur Erziehung von »neuen Menschen« beitragen.

Dieses Programm zur radikalen Umgestaltung der Gesellschaft war ein weltgeschichtliches Experiment. Von ihm waren vor allem Intellektuelle überall in Europa fasziniert. Die große Mehrheit der Menschen stand ihm skeptisch bis ablehnend gegenüber. Das zeigte sich auch in der neuen Sowjetrepuplik, als die Bolschewiki bei den Wahlen zur verfassunggebenden Nationalversammlung nur 24% der Stimmen erhielten. Weil Lenin befürchtete, seine Revolutionsregierung würde von den gewählten Volksvertretern abgesetzt, ließ er die Nationalversammlung am 18. Januar 1918 gewaltsam auflösen. Nach seinem Verständnis handelte er damit »im wahren Interesse der übergroßen Mehrheit des Volkes« – ob diese das wollte oder nicht.

Mit der Behauptung, die wahren Interessen des Volkes besser zu kennen als dieses selbst, ist jede Politik zu rechtfertigen. Und genau das tat Lenin auch. Die Bolschewiki hatten als Minderheit die Macht erobert und versuchten sie mit allen Mitteln zu behaupten. Weil große Teile des Volkes dies nicht wollten, kam es zum Bürgerkrieg. Anhänger des Zaren, bürgerliche Liberale und gemäßigte Sozialisten kämpften mit Hilfe aus dem Ausland fast drei Jahre gegen die Herrschaft der Kommunistischen Partei Russlands, wie sich die Bolschewiki seit Anfang 1918 nannten. Dabei waren die Gegner der Revolution, die »Weißen«, zu Beginn recht erfolgreich; im Oktober 1919 standen sie mit ihren Truppen vor Petersburg. Doch Lenins intelligentester Mitstreiter, Leo Trotzki, schaffte es, innerhalb kürzester Zeit eine schlagkräftige »Rote Armee« aufzubauen. Und weil die verschiedenen Gruppen der »Weißen« weder politisch noch militärisch gut zusammenarbeiteten, gelang es der »Roten Armee«, sie auszuschalten. Im Herbst 1920 waren die »Weißen« besiegt.

Der Bürgerkrieg war von beiden Seiten mit größter Härte und Grausamkeit geführt worden und hatte elf Millionen Menschen das Leben gekostet. In der Wirtschaft des Landes herrschte Chaos, Landwirtschaft und Industrie produzierten so wenig, dass unzählige Menschen verhungerten. In dieser Situation sah sich Lenin zu einer Kurskorrektur gezwungen. Er rückte von der reinen Lehre ab und verkündete auf dem Parteitag von 1921 die »Neue ökonomische Politik«. Bauern durften einen Teil ihrer Erzeugnisse auf dem freien Markt verkaufen, kleine und mittlere Betriebe wurden wieder privatisiert, erhielten Produktions- und Handelsgenehmigungen. Das so entstandene gemischte Wirtschaftssystem führte zu einem Aufschwung und allmählich verbesserten sich die Lebensbedingungen der Menschen in der UdSSR, der »Union der Sozialistischen Sowjetrepubliken«, wie das Land inzwischen hieß. Dennoch dachte Lenin nicht daran, seine Ziele zu ändern. »Gewiss, wir sind einige Schritte zurückgewichen, aber doch nur, um Anlauf für einen besseren Sprung nach vorn zu gewinnen.«

Diesen »Sprung nach vorn« erlebte Lenin nicht mehr. Nach seinem Tod am 21. Januar 1924 begann in der Parteispitze ein erbitterter Kampf um die Nachfolge, aus dem Jossif Wissarionowitsch Dschugaschwili, genannt Josef Stalin (1879–1953) als Sieger hervorging. In den folgenden Jahren gelang es ihm, mögliche Rivalen aus ihren Positionen zu verdrängen. Seinen schärfsten Gegner, Leo Trotzki, ließ er zuerst aus der Partei ausschließen, dann des Landes verweisen und 1940 im mexikanischen Exil ermorden. Ab 1929 regierte Stalin Partei und Staat als unangefochtener Alleinherrscher. Er stellte fest: »Wir hängen fünfzig oder hundert Jahren hinter den fortgeschrittenen Völkern dieser Erde zurück. Wir müssen das in zehn Jahren nachholen. Entweder tun wir das, oder die anderen werden uns zerschmettern.« Um dieses Ziel zu erreichen, ordnete Stalin eine »Revolution von oben« an. Den Bauern wurden ihre Höfe weggenommen, um landwirtschaftliche Großbetriebe, die »Kolchosen«, zu schaffen. Wer sich der »Kollektivierung« widersetzte, wurde nach Sibirien verbannt, in Arbeitslager deportiert oder erschossen. Dieser brutalen Zwangskollektivierung fielen etwa zwei bis drei Millionen Menschen zum Opfer. Weil die Kolchosen anfangs nicht in der Lage waren, genügend Nahrungsmittel zu produzieren, mussten zehn Millionen Menschen verhungern.

Zur selben Zeit wurde die Industrialisierung der UdSSR vorangetrieben, wobei die Schwerindustrie Priorität besaß. Von der Ukraine bis nach Sibirien wurden ganze Industriestädte aus dem Boden gestampft. Grundlage dafür waren »Fünfjahrespläne«, in denen der Staat festlegte, was, wann, wo, von wem, in welcher Qualität und zu welchem Preis produziert werden sollte. Dabei wurden die Arbeiter in der sozialistischen Sowjetunion schlimmer unterdrückt und ausgebeutet als in den kapitalistischen Ländern des Westens. Vor allem sie bezahlten mit unmenschlichen Arbeitsbedingungen und einem niedrigen Lebensstandard für die Erfolge der Planwirtschaft: Zwischen 1928 und 1940 vervielfachte sich die Industrieproduktion im Land; die Sowjetunion wurde hier nur noch von den USA übertroffen. Trotzdem gab es zunehmend Kritik an Stalin und seiner Politik. Um eine Oppositon gar nicht erst aufkommen zu lassen, ordnete er eine »Große Säuberung« an. Ihr fielen alle wirklichen oder vermeintlichen Gegner in Partei, Staat und Armee zum Opfer, darunter sämtliche Weggefährten Lenins. Viele ehemalige Revolutionäre wurden von Stalins allmächtiger Geheimpolizei ermordet, andere so lange gefoltert, bis sie in groß angelegten Schauprozessen öffentlich Verfehlungen eingestanden. Sie wurden zum Tode verurteilt oder

Stalin überlebensgroß, dazu das Versprechen »Der Sieg des Sozialismus in unserem Land ist garantiert« – ein Plakat aus dem Jahr 1932

zur Zwangsarbeit in sibirische Lager geschickt. Der russische Dichter Alexander Solschenizyn hat das Leben und Sterben in solchen Lagern, dem »Archipel Gulag«, eindringlich beschrieben. Insgesamt sollen darin zwölf Millionen Menschen umgekommen sein. Die Kommunisten, die den Menschen Freiheit versprochen hatten, verwandelten die UdSSR in gerade einmal zwanzig Jahren in einen »totalitären« Staat, der seinen Bürgern jede persönliche Freiheit nahm, wann immer es die führende Partei für nötig erachtete.

In der Menschheitsgeschichte sind viele Kaiser, Könige, Staatsmänner und Diktatoren zur Erreichung ihrer Ziele über Leichen gegangen. Aber dass der Führer einer Partei, die angetreten war, das arbeitende Volk aus seiner jahrhundertelangen Knechtschaft zu befreien, zum Massenmörder am eigenen Volk wurde, das stellte alles Vorangegangene in den Schatten. Was war von einem politischen System, das so etwas zuließ, noch zu erwarten?

39. Zwei Wege aus kolonialer Abhängigkeit

Auch in den beiden bevölkerungsreichsten Ländern der Erde, China und Indien, begannen mit der Wende zum 20. Jahrhundert unruhige Zeiten.

Seitdem die imperialistischen Mächte in China immer mehr Einfluss gewannen, wuchs eine nationale Opposition heran, die dem Kaiserhaus die Schuld an den wirtschaftlichen Schwierigkeiten und der zunehmenden Abhängigkeit des Landes von Europa gab. Nach mehreren fehlgeschlagenen Aufständen gipfelte die wachsende Unzufriedenheit 1911 in einer Revolution. Der Kaiser musste abdanken, die älteste Monarchie der Welt war zu Ende, China wurde Republik. Wie fast immer in solchen Fällen gab es verschiedene Gruppierungen, die das Land nun nach ihren Vorstellungen umgestalten wollten. Die gemäßigte »Nationale Volkspartei« war für schrittweise Reformen, um das Leben der Menschen zu verbessern. Der »Revolutionären Jugend« ging das nicht schnell und nicht weit genug. Sie sah im Marxismus die große Hoffnung, vor allem nach der russischen Revolution. Im Sommer 1921 gründeten sie die »Kommunistische Partei« Chinas, deren Führer bald Mao Tse-tung (1893–1976) wurde. Er orientierte sich an den Lehren von Marx und Lenin, suchte jedoch einen eigenen chinesischen Weg. Danach konnten in China nicht die wenigen Industriearbeiter Träger der Revolution sein, sondern nur die Masse der verarmten Bauern auf dem Land.

Beide politischen Lager stellten Truppen auf und bekämpften sich viele Jahre lang. Anfangs war die nationalchinesische Armee unter ihrem Führer Tschiang Kaischeck deutlich überlegen; Maos »Roter Armee« blieb nur die Flucht, die zu dem legendären »langen Marsch« geriet, der 1934/35 mehr als 11000 Kilometer durch das

Das China Maos war geprägt vom Personenkult. Mao-Statuen überall im Land zeugten davon.

Land führte. Unterwegs blieben viele zurück, andere schlossen sich Mao und seiner Armee an. Nach dem beschwerlichen und gefährlichen Marsch erreichten von ursprünglich 100 000 Menschen nur 10 000 das Ziel Jenan. Dort baute Mao seine Machtstellung in der Partei aus; er begann mit der Umgestaltung der Gesellschaft in der Provinz.

Als Japan 1937 einen Eroberungskrieg begann und China angriff, schlossen die verfeindeten chinesischen Truppen Frieden, um die Aggression von außen abzuwehren. Mit gemeinsamen Kräften und der Unterstützung durch die USA, die eine Großmacht Japan nicht dulden wollten, gelang es, den Feind zu besiegen. Aus dem Krieg aber gingen vor allem Mao und die Kommunistische Partei gestärkt hervor. Als anschließend der Bürgerkrieg erneut ausbrach, wurden die Kommunisten von Millionen Bauern unterstützt. Bis zum Herbst 1948 beherrschten sie das riesige Land; am 1. Oktober 1949 machten sie es zur »Volksrepublik China«.

Die Mehrheit der Chinesen sah in Mao den Befreier von jahrhundertelanger Feudalherrschaft; er wurde fast wie ein Heiliger verehrt. Unter seiner Führung veränderte sich das »Reich der Mitte« in 30 Jahren stärker als in den 3000 Jahren zuvor. Von der Sowjetunion unterstützt begann Mao den Umbau Chinas zu einem sozialistischen Staat.

Einen ganz anderen Weg ging Mahatma Gandhi (1869–1948) in Indien. Wenn je ein Politiker ein Heiliger war, dann nicht Mao, sondern er. Gandhi hatte völlig andere Vorstellungen davon, wie die Menschen leben sollten, als die »Modernisierer« in aller Welt. »Ich bin überzeugt davon, dass, wenn Indien die Freiheit erlangt und durch Indien auch die Welt, es früher oder später erkannt werden muss, dass die Menschen in Dörfern leben müssen, nicht in Städten; in Hütten und nicht in Palästen. Millionen Menschen werden in den Städten und Palästen nie im Frieden miteinander leben können. Ich bin der Meinung, dass es ohne Wahrheit und Gewaltlosigkeit nur zu einer Vernichtung der Menschheit kommen kann. Man kann jedoch Wahrheit und Gewaltlosigkeit nur in der Einfachheit des Dorflebens verwirklichen.«

Die Freiheit vom britischen Kolonialreich konnte für Gandhi nicht mit Waffen erkämpft werden, weil das Menschenleben kosten würde. Gewalt und Freiheit waren für ihn unvereinbar. Wie alle Menschen, die neue, ungewöhnliche Wege gehen wollen, so wurde auch Gandhi anfangs belächelt und verspottet. Doch mit seiner Intelligenz und seiner übermenschlichen Geduld schaffte er es, Indien in die Unabhängigkeit zu führen. Es war die Gewaltlosigkeit des Widerstandes, den er übte und organisierte, vor dem die Engländer schließlich kapitulierten. Doch sein Traum von einem Land, in dem alle Rassen, Religionen und Kasten friedlich miteinander leben, erfüllte sich dennoch nicht. Zwischen den in Indien lebenden Hindus und Muslimen kam es immer wieder zu Gewalttätigkeiten. Schließlich entschlossen sich die maßgeblichen Politiker, das Land in ein hinduistisches Indien und ein muslimisches Pakistan zu teilen. Gandhi hatte sich bis zuletzt gegen diese Teilung gewehrt, konnte sie jedoch nicht verhindern. Wirklich Frieden hat sie dem indischen Subkontinent bis heute nicht gebracht.

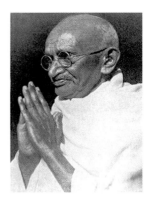

Mahatma Gandhi (1869–1948)

40. Der Feind steht rechts!

Nach dem ersten Weltkrieg gab es in den meisten Staaten Europas parlamentarisch-demokratische Regierungssysteme. Aber die jungen Demokratien hatten unter den schwierigen wirtschaftlichen Bedingungen der Nachkriegszeit einen schweren Stand. In Italien, Spanien, Ungarn und Polen eroberten demokratiefeindliche rechte Gruppen schon in den frühen zwanziger Jahren die Macht und errichteten Diktaturen. Dabei entwickelte der Italiener Benito Mussolini (1883–1945) ein »Faschismus« genanntes Herrschaftssystem, das er als Alternative zum Sozialismus und zur parlamentarischen Demokratie verstanden wissen wollte.

Mussolini nutzte geschickt die Unzufriedenheit der Menschen und die Schwäche der jungen Demokratie und ihrer noch unerfahrenen Repräsentanten. Er stellte uniformierte Schlägertrupps zusammen – die »Schwarzhemden« – und spielte sich als Hüter der öffentlichen Ordnung gegen sozialistische Umtriebe auf. Viele Industrielle, aber auch der bürgerliche Mittelstand sahen im »Duce« – das Wort bedeutet »Führer« – denjenigen, der sie und ihr Eigentum vor den Sozialisten und Kommunisten beschützte. In diesem Klima begann Mussolini mit 40 000 Schwarzhemden einen »Marsch auf Rom«, um die Regierung abzusetzen und selbst die Macht in Italien zu ergreifen. Erst jetzt wollte die Regierung gegen die Faschisten vorgehen und die Armee einsetzen. Doch der aufgeschreckte König Viktor Emanuel III. gab dem Druck Mussolinis nach und ernannte ihn zum Ministerpräsidenten.

Gefragt nach den geistigen Grundlagen des Faschismus, antwortete der Duce, er bedürfe keiner, Handeln sei wichtiger als eine Philosophie. Bezeichnend für den Faschismus wurde, dass er weniger von eigenen Gedanken lebte als von der Ablehnung der Gedanken anderer: Er war antimarxistisch, antikommunistisch, antiliberal, antidemokratisch, antipluralistisch, antiparlamentarisch und antikapitalistisch. Alle Angehörigen des italienischen Volkes sollten ihre privaten Interessen zurückstellen und als Teile einer großen Gemeinschaft harmonisch miteinander leben. Auf dieses Ziel hin sollten schon die Kinder erzogen werden. Nur dann sei es möglich, im Kampf gegen andere Völker zu bestehen und das eigene Volk, die eigene Nation zu neuer Größe zu führen. »Glaube, gehorche, kämpfe!«, lautete ein Wahlspruch der Faschisten. Mit diesem Programm verwandelte der »Duce« Italien in wenigen Jahren in einen totalitären Führerstaat.

Andere Demokratien konnten sich in den ersten Jahren nach dem Krieg besser behaupten. Doch es war geradezu ein Kennzeichen dieser Zeit, dass demokratische Regierungen von zwei Seiten angegriffen und bedroht wurden: von rechts, wo rückwärtsgewandte politische Kräfte in vordemokratische Zeiten zurück wollten, und von links, wo man nach sowjetischem Vorbild eine neue Gesellschaftsordnung anstrebte. Wie gefährlich diese Kräfte für ein Land oder die Welt insgesamt wurden, hing nicht zuletzt vom Lebensstandard ab, der in einem politischen System erreicht werden konnte. Je besser es den Menschen ging, desto weniger Gehör fanden radikale politische Ansichten. – Vielleicht ist hier eine Anmerkung zu den Begriffen »rechts« und »links« angebracht. Diese beziehen sich ursprünglich auf die Sitzordnung im französischen Parlament, wo die konservativen Abgeordneten – vom Präsidenten aus gesehen – rechts, die liberalen und sozialistischen Abgeordneten links saßen. Rechts und links sind also relative Begriffe. Heute setzt man, wenn man extreme politische Ansichten meint, in der Regel das Wort radikal hinzu.

Zurück zu den frühen zwanziger Jahren des vorigen Jahrhunderts: In den Demokratien, die sich behaupteten, ging es wirtschaftlich bergauf, der Lebensstandard verbesserte sich langsam aber stetig – das Schlimmste schien überstanden. In den »goldenen zwanziger Jahren« pul-

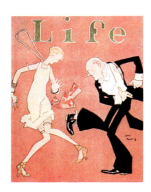

Titelseite des amerikanischen Magazins »Life« aus dem Jahr 1926. Es zeigt ein Charleston tanzendes Paar und vermittelt etwas vom Zeitgeist der »Goldenen Zwanziger«.

sierte das Leben – zumindest in den Großstädten – wie niemals zuvor. Und Amerika wurde zum großen Vorbild der Europäer. Neue Musik wie der Jazz, neue Tänze wie der Charleston, neue Kommunikationsmittel wie das Telefon, neue Produktionstechniken wie das Fließband – all dies beeindruckte und begeisterte die Menschen. Der »American way of life« wurde zum Inbegriff des Fortschritts.

Doch die »Goldenen Zwanziger« wurden durch den »Schwarzen Freitag« an der New Yorker Börse abrupt beendet. An diesem 25. Oktober 1929 begann mit dramatischen Kursstürzen die erste Weltwirtschaftskrise. Amerikanische Banken forderten von ihren europäischen Schuldnern die sofortige Rückzahlung ihrer Kredite samt Zinsen. Deutschland, das durch die Kriegsfolgen am meisten verschuldet war, wurde davon besonders hart getroffen. Es kam zu einer Verknappung des Geldes, die industrielle Produktion stockte, Firmen brachen zusammen, die Arbeitslosigkeit nahm zu, und mit ihr die Zahl der Anhänger radikaler Parteien, die das parlamentarisch-demokratische System der »Weimarer Republik« – so genannt nach dem Ort, an dem ihre Verfassung entstanden war – ablehnten. Trotzdem hatte die regierende Koalition aus SPD und den bürgerlichen Parteien eine ausreichende Mehrheit, um die in dieser Situation notwendigen wirtschaftspolitischen Maßnahmen beschließen zu können. Doch mit einer heute unglaublich erscheinenden Leichtfertigkeit verschleuderten sie diese Mehrheit: Weil man sich nicht über die Finanzierung der Arbeitslosenversicherung einigen konnte oder wollte, trat die letzte parlamentarisch legitimierte Regierung der Weimarer Republik zurück. Der Reichstag war nicht mehr in der Lage, eine neue Regierung zu bilden. In solchen Krisenzeiten wurde laut Verfassung der Reichspräsident zum wichtigsten Mann der deutschen Politik. Das war seit 1925 der alte Weltkriegsgeneral Paul von Hindenburg, alles andere als ein Demokrat und in dieser Rolle völlig überfordert. Er hörte auf die Einflüsterungen seines Sohnes und seiner alten Kameraden und traf für Deutschland verhängnisvolle Entscheidungen. In immer kürzeren Abständen ernannte er »Präsidialkabinette«. Nicht mehr der Reichstag beschloss nun Gesetze, sondern der Reichspräsident erließ »Notverordnungen«, die ihm die »Präsidialkabinette« vorlegten. Die in der Demokratie so wichtige Gewaltenteilung war damit aufgehoben. Formal war dieses Verfahren von der Verfassung zwar gedeckt, allerdings nur für den Ausnahmefall. Da er seit 1930 zum Normalfall wurde, war die Weimarer Republik im Grunde schon vor Hitlers »Machtergreifung« gescheitert.

Adolf Hitler spielte mit seiner Partei schon länger eine Rolle in der deutschen Politik; sein schneller Aufstieg aber begann in der Zeit der Wirtschaftskrise. Es waren vor allem die einfachen Parolen und sein klares Feindbild, die bei den Unzufriedenen und Verunsicherten dieser Zeit gut ankamen. »Die Juden und die Kommunisten sind an allem schuld!« – Wer an solche Parolen glaubte, gab der Hitler-Partei auch seine Stimme. Bei den Wahlen vom 31. Juli 1932 wurde sie mit 37,3 % der Stimmen stärkste Partei im Reichstag.

Der Weltkriegsgeneral Hindenburg selbst hatte gegen Hitler große Vorbehalte: »Sie werden mir doch nicht zutrauen, meine Herren, dass ich diesen österreichischen Gefreiten zum Reichskanzler berufe«, sagte er noch am 27. Januar 1933 zu seinen Beratern. Doch die redeten ihm ein, man könne den Führer der stärksten Partei im Reichstag nicht länger von der Regierung ausschließen. Freilich gingen die konservativen Politiker – wie auch die Vertreter der Industrie, die ihn unterstützten – davon aus, sie könnten Hitler »zähmen« und für ihre Zwecke benützen. Franz von Papen, einer der engsten Vertrauten des greisen Reichspräsidenten, sagte: »In zwei Monaten haben wir Hitler in die Ecke gedrückt, dass er quietscht.« Das war einer der verhängnisvollsten Irrtümer in der Weltgeschichte.

41. Deutschland wird zum Führerstaat

Adolf Hitler war eine der fürchterlichsten Figuren in der Weltgeschichte. Sein Aufstieg erscheint im Rückblick beinahe unbegreiflich. Hitler hatte weder einen Schulabschluss noch einen ordentlichen Beruf; als Jugendlicher schlug er sich mit Gelegenheitsarbeiten durch und lebte in Wiener Männerheimen. Kaum hatte der Erste Weltkrieg begonnen, meldete sich der 25jährige als Freiwilliger und wäre am liebsten immer Soldat geblieben. In der Armee fühlte er sich aufgehoben, dort wusste er, was er zu tun und zu lassen hatte. Das Prinzip von Befehl und Gehorsam imponierte ihm.

Nach dem verlorenen Krieg schloss sich Hitler wie viele Entwurzelte und Unzufriedene einer der zahlreichen neuen Parteien an. Weil er ein guter Redner war, wurde er schon nach einem Monat als »Werbeobmann« in den Vorstand der »Deutschen Arbeiterpartei« gewählt. Als erstes setzte er einen neuen Namen durch: »Nationalsozialistische Deutsche Arbeiterpartei« (NSDAP). Zum Emblem der Partei wurde das Hakenkreuz. Innerhalb eines Jahres stieg Hitler zum mächtigsten Mann in der Partei auf; im Juli 1921 ließ er sich zum Vorsitzenden mit nahezu unbegrenzten Machtbefugnissen wählen. Nach dem Vorbild der Faschisten in Italien baute er eine halbmilitärische »Sturmabteilung« (SA) auf, die in braunen Uniformen aufmarschierte und die Gegner der Partei einschüchtern sollte.

Nach Mussolinis erfolgreichem »Marsch auf Rom« wollte Hitler es dem Vorbild nachtun: Er rief seine »Braunhemden« am 9. November 1923 zum »Marsch auf die Feldherrnhalle« nach München. Wie der »Duce« wollte er die Regierung stürzen. Zusammen mit dem Ex-General Ludendorff führte Hitler den Zug an, doch die

Polizei stoppte ihn und verhaftete die Aufständischen. Im anschließenden Gerichtsverfahren wurde Ludendorff freigesprochen, Hitler zu fünf Jahren Haft verurteilt – von denen er allerdings nur neun Monate verbüßen musste. Während dieser Zeit schrieb er an seinem Buch »Mein Kampf«, in dem er seine Vorstellungen und Ziele unverhüllt formulierte. Zum großen Teil entsprachen sie denen der italienischen Faschisten. Hinzu kam eine obskure Rassenlehre, der Hitler fanatisch anhing, und ein ebenso fanatischer, sich auf diese Lehre berufender Judenhass. Er gipfelte in der Feststellung, die Juden als »minderwertige Rasse« müssten ausgerottet werden. Außerdem forderte Hitler »Lebensraum im Osten« für das deutsche »Herrenvolk«. Als Endziel schwebte ihm die Errichtung »einer großen, auf der Idee der Sklaverei und der Ungleichheit beruhenden neuen Gesellschaftsordnung« vor, nicht nur in Deutschland, sondern weltweit. Dann werde die »arische Herrenrasse« unter deutscher Führung die ganze Welt beherrschen.

Viele hielten das für Hirngespinste eines zu kurz gekommenen und frustrierten Mannes, den man nicht ernst nehmen musste. Andere folgten dem »Führer« wie einst die Kinder dem Rattenfänger von Hameln. Aber sie alle konnten sich am 30. Januar 1933, dem Tag, als Hitler Reichskanzler wurde, kaum vorstellen, was die kommenden zwölf Jahre bringen würden.

Nach der »Machtergreifung« beherrschten Hitlers Parteitruppen SA und SS – »Schutzstaffel« – die Straße. Politische Gegner wurden verfolgt, verprügelt, getötet. Erste Lager wurden eingerichtet, in denen willkürlich festgenommene Männer und Frauen eingesperrt und gequält wurden. Angst und Schrecken unter den Menschen zu verbreiten war eine von Hitlers Methoden, seine Macht zu erhalten und auszubauen; die andere war, sich der staatlichen Institutionen zu bedienen und dabei den Schein zu wahren, im Rahmen der Verfassung und der Gesetze zu handeln. Als am 27. Februar 1933 der Berliner Reichstag brannte, ließen die Nationalsozialisten sofort

Nach dem Reichstagsbrand ließ die NSDAP dieses Propaganda-Plakat verbreiten. Bis heute weiß man nicht sicher, wer den Brand gelegt hat; den Nazis kam er jedenfalls gelegen.

verbreiten, Kommunisten hätten den Brand gelegt. Schon am nächsten Tag lag eine anscheinend bereits vorbereitete Notverordnung »Zum Schutz von Volk und Staat« auf dem Schreibtisch des Reichspräsidenten. Weil es gegen die Kommunisten ging, waren Hindenburgs Berater dafür, dass er unterzeichnete, obwohl damit die wichtigsten Grundrechte »bis auf Weiteres außer Kraft gesetzt« wurden. Diese Notverordnung blieb bis 1945 in Kraft und gab den Nazis die Möglichkeit, den Buchstaben des Gesetzes nach legal gegen alle ihre Kritiker und Gegner vorzugehen.

In diesem Klima fand der Wahlkampf für die Reichstagswahl am 5. März 1933 statt, bei dem die Betonung auf »Kampf« lag. Die NSDAP überflutete das Land mit Propagandamaterial und hielt unzählige Versammlungen ab. Die Kommunistische Partei und ihre Zeitungen wurden verboten, ihre Funktionäre verhaftet. SA-Trupps tauchten bei Wahlveranstaltungen der SPD und der bürgerlichen Parteien auf, störten sie oder machten sie unmöglich. Die Presse wurde so unter Druck gesetzt, dass bei den meisten Zeitungen von einer freien, unabhängigen Berichterstattung keine Rede mehr sein konnte. Trotzdem erhielt die NSDAP nicht die erhoffte Mehrheit. Mit 43,9 % der Stimmen war sie auf einen Koalitionspartner angewiesen. Den fand sie in der »Deutschnationalen Volkspartei«. Zusammen verfügten sie über 51,9 % der Stimmen; Hitler hätte mit einer parlamentarischen Mehrheit regieren können. Aber er wollte mehr. Deshalb legte er das so genannte »Ermächtigungsgesetz« vor. Es sollte der Regierung erlauben, Gesetze, die sogar von der Verfassung abweichen konnten, ohne Mitwirkung des Reichstags zu beschließen. Um den Anschein von Legalität zu wahren, benötigte Hitler zum letzten Mal den Reichstag. Bei der entscheidenden Sitzung am 23. März 1933 wurde die SA als »Ordnungsdienst« eingesetzt, um den Druck auf die Abgeordneten der Oppositionsparteien zu erhöhen. Die 81 KPD-Mandate galten schon vorher als nicht existent, den bürgerlichen Parteien machte Hitler

Versprechungen und erreichte so die erforderliche Zweidrittel-Mehrheit. Nur die SPD hielt dem Druck stand und stimmte geschlossen gegen das Gesetz, mit dem sich der Reichstag selbst ausschaltete und das Hitler praktisch zum Alleinherrscher in Deutschland machte. Er nutzte seine Macht von Anfang an, um Staat und Gesellschaft nach seinen Vorstellungen umzugestalten. Zuerst wurde durch das »Gesetz zur Gleichschaltung der Länder mit dem Reich« die Selbstständigkeit der Länder aufgehoben. An die Stelle der Ministerpräsidenten traten »Reichsstatthalter«, die Hitler unterstanden. Als nächstes wurden die Gewerkschaften und die SPD verboten, führende Funktionäre in »Schutzhaft« genommen und in so genannte »Konzentrationslager« gesperrt. Die bürgerlichen Parteien lösten sich »freiwillig« auf. Am 14. Juli 1933 wurde die Gründung neuer Parteien per Gesetz verboten.

Ein halbes Jahr haben die Nazis gebraucht, um aus Deutschland einen undemokratischen Ein-Parteien-Staat mit Adolf Hitler an der Spitze zu machen. Als Hindenburg am 2. August 1934 starb, übernahm Hitler auch das Amt des Reichspräsidenten und damit den Oberbefehl über die Reichswehr. Sein offizieller Titel lautete von nun an »Führer des Deutschen Reiches und Volkes«. Deutschland war endgültig ein totalitärer Führerstaat.

42. Hitlers Rassenwahn

Der Führer hat immer Recht. Der Wille des Führers ist Gesetz.« Solche und ähnliche Sätze zeigen deutlich, dass Hitler nun alle Macht in seiner Hand vereinigte wie früher die absolutistischen Monarchen. Doch das genügte ihm noch nicht. Er wollte nicht nur die Macht über ein Land und einen Staat, er wollte auch die Menschen darin bis in ihr Denken und Fühlen beherrschen. Darum sollten schon die Kinder im nationalsozialistischen Geist erzogen werden. Dafür gab es »Jungvolk«, »Hitlerjugend«, »Bund Deutscher Mädel« und ähnliche Organisationen, in denen alle Kinder je nach ihrem Alter erfasst werden sollten. Das Ziel der Erziehung im NS-Staat formulierte Hitlers Stellvertreter Rudolf Heß so: »In der kritiklosen Treue, in der Hingabe an den Führer, die nach dem Warum im Einzelfall nicht fragt, in der stillschweigenden Ausführung seiner Befehle liegt unser aller Nationalsozialismus verankert.«

»Führer befiehl, wir folgen!«, lautete eine der Leitparolen im »Dritten Reich«. Damit niemand auf unerwünschte Gedanken kam, durften liberale und linke Journalisten und Schriftsteller nicht mehr veröffentlichen; ihre Bücher wurden schon am 10. Mai 1933 öffentlich verbrannt. Bilder und Musik, die dem so genannten »gesunden Volksempfinden« nicht entsprachen, galten als »undeutsch und entartet«. Wissenschaftler, die dem neuen »deutschen Geist« nicht folgen wollten, wurden entlassen.

Dennoch gab es von Anfang an Menschen, die sich dem Druck und der Beeinflussung entzogen und Widerstand gegen das NS-Regime leisteten. Der reichte von der Verweigerung des »Hitlergrußes« über die Unterstützung verfolgter Mitmenschen bis zur politischen Untergrundarbeit und zur Planung von Attentaten auf Hitler. Aber in dem totalitären Staat, in dem man nirgendwo vor Spitzeln

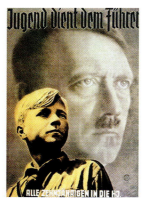

Die Erziehung wollten die Nationalsozialisten nicht den Eltern und der Schule überlassen. Die Jugend wurde »organisiert«.

und Denunzianten sicher sein konnte, war jeder Widerstand lebensgefährlich. Tausende mussten für ihre Zivilcourage und ihren Mut mit dem Leben bezahlen.

Das alles gab es so oder ähnlich auch in anderen Diktaturen. Was das NS-Regime von ihnen unterschied, war die Rassenlehre und ihre Folgen. Nach dieser Lehre gab es höherwertige und minderwertige Rassen, die gegeneinander ums Überleben kämpften. Für ein Grundgesetz der Natur hielt sie, dass zur Höherentwicklung der Menschheit insgesamt die Höherwertigen das Recht, ja sogar die Pflicht hätten, die Minderwertigen zu vernichten. In der Rangfolge ganz oben sah man die nordische Rasse der »Arier«, ganz unten die Juden. Diese unsinnige, pseudowissenschaftliche Lehre geisterte seit dem ausgehenden 19. Jahrhundert durch Europa. Bei Hitler und in Deutschland mit seiner weit in die Geschichte zurückreichenden Judenfeindlichkeit fiel sie nur auf besonders fruchtbaren Boden. Für Hitler selbst bedeutete die Rassenlehre nicht mehr und nicht weniger als die Legitimation zum Töten. Über die Juden, »den Juden«, wie Hitler schreibt, heißt es in »Mein Kampf«: »Er ist und bleibt der ewige Parasit, ein Schmarotzer, der wie ein schädlicher Bazillus sich immer mehr ausbreitet, sowie nur ein günstiger Nährboden dazu einlädt. Die Wirkung seines Daseins aber gleicht ebenfalls der von Schmarotzern: Wo er auftritt, stirbt das Wirtvolk nach kürzerer oder längerer Zeit ab.« Von der Bezeichnung von Menschen als Parasiten bis zum Gedanken, sie müssten ausgerottet werden, ist nur ein kleiner Schritt.

Bald nach der Machtergreifung begannen in Deutschland Hetzkampagnen und Schikanen, durch die Juden ausgegrenzt und zur Auswanderung getrieben werden sollten. Bis heute fragt man sich, wie so etwas im 20. Jahrhundert in einer Kulturnation, im Land von Kant, Lessing, Goethe und Schiller möglich war. Die Diskriminierung, Entrechtung und Verfolgung der Juden, aber auch anderer von den Nationalsozialisten Verfolgter wie Sinti und Roma geschah ja keineswegs heimlich, sondern vor

1938 in Baden-Baden: Jüdische Bürger werden verhaftet. Viele schauen zu.

den Augen der Nachbarn, Bekannten, Freunde, Arbeitskollegen, Sportkameraden, Mitschüler. Erst die »Endlösung der Judenfrage« nach 1942, der geplante Massenmord, fand nicht mehr vor den Augen der Öffentlichkeit statt. Dafür bauten die Nazis im besetzten Polen große Vernichtungslager, in die Juden aus ganz Europa deportiert wurden. Die Errichtung von Todesfabriken, in denen etwa sechs Millionen Angehörige einer Religionsgemeinschaft systematisch ermordet wurden, ist mit keinem Verbrechen in der Weltgeschichte zu vergleichen. Der Holocaust an den europäischen Juden lastet auf Deutschland, unabhängig von der Frage, was genau und wie viel Einzelne darüber wussten.

43. Der totale Krieg

Die deutsche Armee muss in vier Jahren einsatzfähig sein. Die deutsche Wirtschaft muss in vier Jahren kriegsfähig sein.« Das forderte Adolf Hitler in einer geheimen Denkschrift 1936. Nach außen gab er sich allerdings noch als friedliebender Staatsmann und nützte dafür auch die Olympischen Spiele 1936 in Berlin. Viele ließen sich davon blenden, obwohl Hitler mit der Einführung der allgemeinen Wehrpflicht und der Besetzung des entmilitarisierten Rheinlandes zuvor den Versailler Vertrag gebrochen hatte. Das galt auch für den »Anschluss« Österreichs am 14. März 1938. Hitler hatte das Land, aus dem er stammte, kurzerhand zu einem Teil des Deutschen Reiches erklärt und die europäischen Nachbarn, die deshalb keinen Krieg riskieren wollten, frech überrumpelt. Ein halbes Jahr später verlangte er auch den Anschluss des Sudetenlandes mit seinen dreieinhalb Millionen Deutschen – »die letzte territoriale Forderung, die ich in Europa zu stellen habe«. Alle Deutschen sollten »heim ins Reich« geholt werden.

Die europäischen Mächte schauten diesen Eroberungszügen zu, formulierten schwache Proteste und versuchten Hitler durch Zugeständnisse zu beschwichtigen. Aber so war der nicht zu stoppen. Er wollte den »Lebensraum im Osten«, den er in »Mein Kampf« gefordert hatte, und wurde dazu durch eine beschwichtigende »Appeasement«-Politik nur noch ermuntert. Als er am 1. September 1939 den Überfall auf Polen befahl, begann der Zweite Weltkrieg.

Mit dem Polenfeldzug erprobte die deutsche Armee zum ersten Mal eine neue Strategie, die man »Blitzkrieg« nannte; schnelle Panzerverbände drangen mit Unterstützung von Kampfflugzeugen tief in das Feindesland vor, dann erst folgten die Fußtruppen und besetzten die eroberten Gebiete. Mit der Konzentration aller Kräfte auf jeweils einen Gegner sollten schnelle Siege errungen werden, denn für einen längeren Krieg an mehreren Fronten war Deutschland nicht gerüstet. Die dafür notwendigen Mittel mussten durch die Ausbeutung der Besiegten erst beschafft werden.

Die neue Kriegsstrategie funktionierte auch in Dänemark, Norwegen, Belgien, den Niederlanden und sogar in Frankreich. Nach nur fünf Wochen zogen deutsche Truppen in Paris ein und am 22. Juni 1940 musste Frankreich die Kapitulation unterzeichnen. Hitler wählte dafür einen symbolträchtigen Ort: den gleichen Eisenbahnwagen im Wald von Compiègne, in dem die Deutschen am 11. November 1918 den Waffenstillstand hatten unterzeichnen müssen. In Hitlers Verständnis war damit »die Schmach von Versailles getilgt«; von vielen Deutschen wurde er danach als »größter Feldherr aller Zeiten« gefeiert. Nichts und niemand schien ihn aufhalten zu können.

Der erste Rückschlag kam, als Deutschland auch England angriff. Obwohl die Luftwaffe monatelang englische Städte bombardierte, gelang es nicht, den Widerstandswillen der Engländer zu brechen. Hitler ließ die Angriffe einstellen und wandte sich seinem eigentlichen Ziel zu: dem ideologischen Hauptfeind, der Sowjetunion.

1939 hatte er zwar noch einen Nichtangriffspakt mit Stalin geschlossen, doch das hinderte ihn nicht daran, am 22. Juni 1941 das »Unternehmen Barbarossa« zu beginnen: den Feldzug gegen das große sowjetische Reich. Und wieder schien die Blitzkriegstrategie erfolgreich zu sein. Schon im Oktober standen deutsche Truppen vor Moskau. Doch dann setzte der Winter ungewöhnlich früh ein und brachte den deutschen Vormarsch ins Stocken. Für den russischen Winter war die deutsche Wehrmacht, wie einst das napoleonische Heer, nicht ausgerüstet; die Versorgung wurde schwieriger, die Verluste größer. Die Rote Armee, die von dem Angriff überrascht worden war, startete eine Gegenoffensive. Damit war die Blitzkriegstrategie gescheitert. Deutsche Truppen konnten zwar im Sommer 1942 noch einmal vorrücken, aber im Winter

1942/43 wurden bei Stalingrad 300 000 Mann eingekesselt. Ihre Lage war aussichtslos, doch Hitler verbot die Kapitulation; die 6. Armee wurde vollständig aufgerieben. Die Schlacht um Stalingrad gilt als ein Wendepunkt im Verlauf des Krieges. Von nun an war die Wehrmacht auf dem Rückzug, auch wenn man in Deutschland noch immer vom »Endsieg« sprach.

Inzwischen war aus dem europäischen Krieg ein Weltkrieg geworden; mit Deutschland verbündet hatte sich neben dem faschistischen Italien auch Japan, das sich Vorteile in Südostasien davon versprach. Japan war es auch, das mit dem völlig überraschenden Angriff auf die amerikanische Pazifikflotte in Pearl Harbor vom 7. Dezember 1941 die USA in den Krieg hineinzog. Wie schon im Ersten Weltkrieg musste jedem klar sein, dass sich die Kräfteverhältnisse durch den Kriegseintritt der USA so sehr verschoben hatten, dass Deutschland und seine Verbündeten nur noch verlieren konnten. Doch wie schon die Feldherren Hindenburg und Ludendorff wollte auch der »größte Feldherr aller Zeiten« nicht kapitulieren. Lieber opferte er weiterhin Millionen Menschenleben. Und seine Generäle unterstützten ihn dabei.

In Italien wurde Mussolini am 25. Juli 1943 im Auftrag von Viktor Emanuel III. verhaftet – das Land wechselte die Fronten. In Deutschland wagte es niemand, Hitler zu verhaften; ein Attentat von Oberst Stauffenberg am 20. Juli 1944 misslang. Das Schießen und Bomben ging weiter, nun wurde Deutschland selbst zum Kriegsschauplatz. Deutsche Städte wurden bombardiert, von Osten drang die Rote Armee ins Land, von Westen die westlichen Alliierten. Im Frühjahr 1945 war Deutschland vollständig besetzt.

Am 30. April 1945 beging Adolf Hitler Selbstmord, am 8. Mai kapitulierte die deutsche Führung bedingungslos. Damit war der Krieg in Europa beendet. Im pazifischen Raum dauerte er noch weitere drei Monate und endete mit dem Abwurf der ersten Atombomben auf Hiroshima und Nagasaki am 6. und 9. August 1945. Die fürchter-

Hiroshima nach der Explosion der Atombombe am 6. August 1945

lichen Waffen sollten Japan zur Kapitulation zwingen und erreichten ihr Ziel. Der Zweite Weltkrieg war endgültig zu Ende. Er kostete 55 Millionen Menschen das Leben und zeigte auf schreckliche Weise, wozu Menschen fähig sind. Mit dem Abwurf der Atombombe leiteten die USA ein neues Zeitalter ein. Sie demonstrierten damit zugleich ihren Führungsanspruch in der Welt.

44. Zwei feindliche Blöcke entstehen

Schon während des Krieges trafen sich führende Politiker der Anti-Hitler-Koalition auf mehreren Konferenzen, um sich über die Zeit nach dem Krieg Gedanken zu machen. Dabei ging es zum einen um die Frage, was mit Deutschland geschehen solle. Wichtiger war den Beteiligten jedoch, eine neue Weltordnung zu schaffen, in der die Staaten enger miteinander verbunden sein sollten. So wollte man in der Zukunft Kriege verhindern. 1945 entstanden die Vereinten Nationen (UNO), denen ursprünglich 51 Staaten angehörten. Heute sind es mehr als 180. Diese Organisation stellte und stellt sich vier Hauptziele: Sicherung des Weltfriedens, Schutz der Menschenrechte, Gleichberechtigung aller Völker, Verbesserung der Lebensbedingungen in der Welt.

Anfangs demonstrierten die USA, England und die UdSSR – die »Großen Drei« – noch Einigkeit; ebenso, als es bei der Potsdamer Konferenz im Sommer 1945 um die »deutsche Frage« ging. Der englische Premierminister Churchill, Stalin und der neue amerikanische Präsident Truman reichten sich vor den Kameras die Hände, nachdem sie beschlossen hatten, dass »der deutsche Militarismus und Nazismus ausgerottet werden« sollten. Sie teilten, nachdem Frankreich zu den Siegermächten gezählt wurde, Deutschland in vier Besatzungszonen und Berlin in vier Sektoren auf. Die Gebiete östlich der Oder-Neiße-Linie stellten sie unter polnische und sowjetische Verwaltung. Die Verantwortung für Deutschland als Ganzes sollte beim »Alliierten Kontrollrat« liegen, den die vier Oberbefehlshaber bildeten. Jede Besatzungsmacht sollte in ihrer Zone die alleinige Regierungsgewalt ausüben.

Waren schon vor Kriegsende mehr als eine Million deutsche Zivilisten vor der heranrückenden Roten Armee

Auf der Potsdamer Konferenz im Juli/August 1945 demonstrierten Churchill, Truman und Stalin noch Einigkeit.

nach Westen geflohen, so schwoll der Flüchtlingsstrom nach den Potsdamer Beschlüssen zu einer wahren Völkerwanderung an. Insgesamt wurden etwa zwölf Millionen Menschen gewaltsam aus ihrer Heimat im Osten vertrieben und mussten in den westlichen Zonen mit ernährt und versorgt werden. Das war umso schwieriger, als viele deutsche Städte in Trümmern lagen und es selbst an den einfachsten Dingen des täglichen Lebens fehlte. Zudem verlangten die Siegermächte Reparationen und demontierten ganze Industrieanlagen. Vor allem die Sowjetunion, die durch den Krieg am stärksten geschädigt worden war und mehr als 20 Millionen Tote zu beklagen hatte, nahm, was sie bekommen konnte. Das war verständlich, verschlechterte die Versorgungslage jedoch dramatisch und führte zu regelrechten »Hungerwintern«. Um den völligen wirtschaftlichen Zusammenbruch zu verhindern, änderten die Amerikaner ihre Besatzungspolitik, allerdings nicht nur aus humanitären Gründen, wie später gern behauptet wurde.

Entscheidend für die neue amerikanische Politik war die Beurteilung der Sowjetunion und ihrer Absichten, die der amerikanische Botschaftsrat in Moskau, George F. Kennan, schon Anfang 1946 so beschrieb: »Die Idee, Deutschland gemeinsam mit den Russen regieren zu wollen, ist ein Wahn. Ein ebensolcher Wahn ist es, zu glauben, die Russen und wir könnten uns eines schönen Tages höflich zurückziehen, und aus dem Vakuum werde ein gesundes und friedliches, stabiles und freundliches Deutschland steigen. Wir haben keine andere Wahl, als unseren Teil von Deutschland zu einer Form von Unabhängigkeit zu führen, die so befriedigend, so gesichert, so überlegen ist, dass der Osten sie nicht gefährden kann ... Besser ein zerstückeltes Deutschland, von dem wenigstens der westliche Teil als Prellbock für die Kräfte des Totalitarismus wirkt, als ein geeintes Deutschland, das diese Kräfte wieder bis an die Nordsee vorlässt.« – Kennan ging davon aus, dass die Sowjetunion nach wie vor die kommunistische Weltrevolution anstrebe. Deswegen sei es notwendig, zumindest Westeuropa wirtschaftlich und militärisch so zu stärken, dass es als »Prellbock« dienen könne.

Umgekehrt unterstellte die Sowjetunion den USA, sie wolle Deutschland und Europa ins kapitalistische Lager ziehen und zu Satellitenstaaten machen. Die »unnatürliche Koalition«, die der Krieg gegen Hitlerdeutschland zustande gebracht hatte, fiel auseinander, der Ost-West-Konflikt begann. In einer Rede vor dem Kongress verkündete der amerikanische Präsident am 12. März 1947 eine neue Politik, die als »Truman-Doktrin« in die Geschichte einging. Zum gegenwärtigen Zeitpunkt der Weltgeschichte, so Truman, müsse jede Nation zwischen alternativen Lebensformen wählen: der freiheitlichen des demokratischen Westens und der totalitären des kommunistischen Ostens. Da der Kommunismus seinem Wesen nach auf Expansion angelegt sei, müsse die freie Welt Schutzwälle errichten, um seine Ausbreitung zu verhindern. »Ich glaube, es muss die Politik der Vereinigten Staaten sein, freien Völkern beizustehen, die sich der angestrebten Unterwerfung widersetzen.« Dieses Truman-Prinzip der Eindämmung, des »Containment«, wurde für Jahrzehnte zur Richtschnur der amerikanischen Außenpolitik. Es trug den USA die problematische Rolle des »Weltpolizisten« ein.

Im Gegenzug entwickelte Stalin die »Zwei-Lager-Theorie«: Auf der einen Seite stünden die freiheitlich-sozialistischen Staaten, auf der anderen die kapitalistisch-imperialistischen. Die friedliche Entwicklung und Entfaltung des Sozialismus hin zu einer gerechteren Welt wolle der aggressive US-Imperialismus verhindern.

Damit hatten die neuen »Supermächte« ihre Sicht der Dinge dargestellt, die Welt war in zwei feindliche Blöcke geteilt. Schon bald sprach man vom »Kalten Krieg« zwischen Ost und West.

45. Das Gleichgewicht des Schreckens

Die beiden Blöcke formierten sich, man beließ es nicht mehr beim Reden, nun handelte man. Nach einem Plan des amerikanischen Außenministers Marshall wurde ein Hilfsprogramm für den Wiederaufbau Westeuropas gestartet. Auch militärisch rückten die westlichen Staaten noch näher zusammen und gründeten unter amerikanischer Führung 1949 den Nordatlantik-Pakt, kurz NATO genannt. Ihr gehörten Belgien, Dänemark, Frankreich, Großbritannien, Island, Italien, Kanada, Luxemburg, Niederlande, Norwegen, Portugal und die USA an. Die Sowjetunion reagierte mit dem »Rat für gegenseitige Wirtschaftshilfe«, Comecon, und schloss mit den einzelnen Staaten ihres Machtbereichs »Freundschafts- und Beistandsverträge«. Dazu gehörten anfangs Bulgarien, Polen, Rumänien, Tschechoslowakei und Ungarn, etwas später auch Albanien und die Deutsche Demokratische Repuplik.

Der »Eiserne Vorhang«, wie Churchill die politische Grenze zwischen Ost und West nannte, teilte auch Deutschland und führte 1949 zur Gründung von zwei deutschen Staaten. Die Bundesrepublik Deutschland (BRD) wurde von ihrem ersten Bundeskanzler Konrad Adenauer (1876 – 1967) zielstrebig ins westliche Lager geführt; die Deutsche Demokratische Republik (DDR) entwickelte sich zum treuesten Vasall der Sowjetunion.

Der Kalte Krieg wurde »heißer«, als Nordkorea 1950 mit Unterstützung Chinas und der Sowjetunion das westlich orientierte Südkorea angriff, um das geteilte Land unter kommunistischer Herrschaft wieder zu vereinen. Der Westen sah darin den Beweis für die Bedrohung »der freien Welt« durch den Kommunismus. Man befürchtete, das nächste Ziel könnte Westdeutschland sein.

Um die Sowjetunion abzuschrecken, rüsteten die NATO-Staaten kräftig auf. Dabei wurden erste Stimmen laut, die auch von der BRD einen Verteidigungsbeitrag forderten. Andere warnten davor, in Deutschland schon wieder eine Armee aufzubauen. Die Folgen des Zweiten Weltkriegs waren noch überall sichtbar, als eine scharfe innenpolitische Auseinandersetzung zwischen Befürwortern und Gegnern der Wiederbewaffnung begann. Wie bei allen richtungsweisenden Entscheidungen des jungen Staates setzte sich Adenauer durch. Am 5. Mai 1955 trat die BRD der NATO bei, im Januar 1956 begrüßte Adenauer die erste Einheit der neuen Bundeswehr.

Die Sowjetunion hatte die Einbeziehung Westdeutschlands in die NATO verhindern wollen und schaute der Entwicklung nicht tatenlos zu. Sie gründete am 14. Mai 1955 den »Warschauer Pakt« dem sie selbst, Polen, die Tschechoslowakei, Bulgarien, Rumänien, Ungarn und Albanien angehörten. In den Monaten danach stellte die DDR erste Einheiten der »Nationalen Volksarmee« auf; 1956 trat sie dem Pakt bei.

Obwohl die Sowjetunion seit 1949 über Atombomben verfügte, fühlten sich die USA in dieser Zeit noch weit überlegen und sicher; dem Gegner fehlten vor allem die Langstreckenraketen, mit denen er Amerika direkt hätte bedrohen können. Doch als es der UdSSR 1957 gelang, einen Satelliten in die Umlaufbahn um die Erde zu bringen, war Amerika schockiert. Denn nun war klar, dass der

Die Supermächte rasseln mit dem Säbel, Europa schlottern die Knie – eine amerikanische Karikatur zeigt die Situation Europas im Kalten Krieg.

Gegner die Möglichkeit besaß, auch das Territorium der Vereinigten Staaten anzugreifen. Der »Sputnik-Schock« führte zu einer neuen Stufe des Wettrüstens, bei dem jedoch keine Seite einen entscheidenden Vorteil erringen konnte. Man sprach deshalb von einem »Gleichgewicht des Schreckens«, das beide Supermächte vor militärischen Aktionen gegeneinander abhielt. Das zeigte sich erstmals, als die DDR im August 1961 eine Mauer zwischen Ost- und Westberlin baute. Es war der Versuch eines autoritären Regimes, seine Bürger an der Flucht in den wirtschaftlich besser gestellten, politisch freieren Westen zu hindern. Die Westmächte protestierten zwar und die Amerikaner brachten einige Panzer in Stellung, doch dabei blieb es. Offiziell betrachtete man den Mauerbau als einen »Vorgang innerhalb des sowjetischen Machtbereichs«.

Ganz anders war es, als die UdSSR das sozialistische Kuba direkt »vor der amerikanischen Haustür« unterstützte und dort heimlich Raketen stationierte. Die amerikanische Luftaufklärung entdeckte die Abschussrampen am 15. Oktober 1962 und Präsident John F. Kennedy (1917–1963) reagierte scharf: Er verhängte eine Seeblockade rund um die Insel, mobilisierte die Streitkräfte und forderte den sowjetischen Staats- und Parteichef Nikita

Volkspolizisten bewachen die Arbeiter beim Bau der Mauer, damit sie nicht eine der letzten Chancen zur Flucht nutzen. In der DDR wurde die Mauer offiziell als »antifaschistischer Schutzwall« bezeichnet.

Chruschtschow (1894–1971) ultimativ auf, die Raketen abzuziehen. 13 Tage lang stand die Welt am Rand des Dritten Weltkrieges. Dann lenkte Chruschtschow ein und ließ die Raketen abtransportieren.

Die Kuba-Krise gilt als ein wichtiger Wendepunkt in der jüngeren Geschichte. Beide Supermächte erkannten, dass die »Politik der Stärke« in eine Sackgasse geführt hatte: Kein Staat konnte Atomwaffen einsetzen, wenn er nicht die eigene Vernichtung und die der gesamten Menschheit riskieren wollte. Also konnte keine Seite mehr davon ausgehen, die andere besiegen zu können. Allen Beteiligten war klar, dass man auf absehbare Zeit friedlich nebeneinander leben musste. Ein »heißer Draht« zwischen Moskau und Washington wurde eingerichtet, um eine rasche Verständigung in bedrohlichen Situationen zu ermöglichen. Dazu gab es erste zaghafte Versuche, den Rüstungswettlauf zu stoppen. Das Verhältnis der beiden Supermächte wandelte sich allmählich von der aggressiven Konfrontation zur »friedlichen Koexistenz«.

46. Die »Dritte Welt«

In den beiden Weltkriegen hatten die alten europäischen Kolonialmächte ihre dominierende Stellung in der Welt verloren. Das führte nach 1945 zu einem Entkolonialisierungsprozess, der den meisten Kolonien in Asien und Afrika innerhalb von 20 Jahren die Unabhängigkeit brachte. Während England seine Kolonien in der Regel friedlich oder wenigstens unblutig freigab, mussten sich die französischen, niederländischen, belgischen und portugiesischen Kolonien ihre Unabhängigkeit in langen, oft erbittert geführten Kriegen erkämpfen.

Doch kaum waren die Unabhängigkeitsfeiern vorüber, zeigte sich deutlich, vor welch großen Problemen die neuen Staaten standen. Es fehlten Fachleute auf allen Gebieten: Verwaltungsexperten, Ingenieure, Ärzte und Lehrer. Zudem brachen schnell ethnische, religiöse und soziale Gegensätze auf, die es in den oft künstlich geschaffenen Staatsgebilden reichlich gab. So lebten zum Beispiel in Tansania Angehörige von nicht weniger als 120 Stämmen, jeder mit einer eigenen Sprache und Kultur. Immer wieder kam es zu kriegerischen Auseinandersetzungen zwischen Stämmen, was die ohnehin schwierige Lage der jungen Staaten noch erschwerte. Die ersten Parteien und Regierungen, die meistens aus den jeweiligen Unabhängigkeitsbewegungen hervorgingen, gaben sich sozialrevolutionär und demokratisch. Sie wollten die sozialen Ungleichheiten beseitigen und sozialistische Gesellschaften aufbauen, in denen die alten Traditionen ihrer Stämme mit modernen Errungenschaften verbunden werden sollten. »Wir schweben zwischen zwei Zivilisationen«, schrieb eine nigerianische Dichterin dazu.

Doch dieser Schwebezustand hielt nicht lange an. Da es keine demokratische Kultur gab, entwickelten sich bald autoritäre Regierungsformen, in denen jeweils eine Partei, ein Stamm, eine Militärjunta oder ein Einzelner herrschte.

Und weil die Herrschenden oft nur ihr eigenes Wohlergehen im Auge hatten, begann für viele Völker ein langer Leidensweg. Kriege, Bürgerkriege, wirtschaftliche Unerfahrenheit und Korruption führten zur Verelendung ganzer Völker und zu Hungerkatastrophen.

Die Industriestaaten waren für diese Entwicklung mitverantwortlich. Zwar leisteten sie – allen voran die USA – seit den 50er Jahren Entwicklungshilfe, versäumten es jedoch, wie schon die alten Kolonialmächte, auf die Organisation der neuen Staaten so Einfluss zu nehmen, dass sie wirtschaftlich unabhängig und lebensfähig werden konnten. Für die Industriestaaten waren sie weiterhin in erster Linie Rohstoff- und Absatzmärkte.

Während des Kalten Krieges wurden die »Entwicklungsländer« dann in den Ost-West-Konflikt hineingezogen. Der Osten unterstützte revolutionäre Gruppen und Regime und versuchte so, die kommunistische Weltrevolution voranzutreiben. Für den Westen formulierte der amerikanische Präsident Eisenhower daraufhin die »Domino-Theorie«: Wenn ein Land umfalle und kommunistisch werde, löse das eine Kettenreaktion aus. Das wollte der Westen mit allen Mitteln verhindern. Deshalb unterstützte er im Gegenzug selbst korrupteste Diktatoren, getreu dem Motto: Die Feinde meiner Feinde sind meine Freunde.

Die Vereinigten Staaten griffen auch direkt in Kriege ein, wenn sie es für notwendig hielten. So Mitte der 60er Jahre in Vietnam, wo zeitweise mehr als eine halbe Million US-Soldaten in einem von beiden Seiten rücksichtslos geführten Krieg gegen das kommunistische Nordvietnam kämpften. Die massiven amerikanischen Bombenangriffe mit ihren ungeheuren Zerstörungen führten schließlich zu Protesten überall in der Welt und auch in den Vereinigten Staaten selbst. Im Vietnamkrieg musste das »Land der unbegrenzten Möglichkeiten« zum ersten Mal in seiner Geschichte schmerzlich erfahren, dass doch nicht alles möglich war. 1973 schlossen beide Seiten ein Waffenstillstandsabkommen, die USA zogen ihre Truppen zurück, doch der Krieg ging weiter. Zwei Jahre später vereinigte das siegreiche Nordvietnam beide Teilstaaten zur kommunistischen Volksrepublik Vietnam. Der »Dominoeffekt« trat dennoch nicht ein.

Im Kampf zwischen Ost und West um möglichst viel Einfluss in den ehemaligen Kolonien bürgerte sich der Begriff »Dritte Welt« für die so genannten Entwicklungsländer ein. Als »Erste Welt« galten die reichen westlichen Demokratien, als »Zweite Welt« die sozialistischen Staaten des Ostblocks. Nach und nach versuchten sich die Länder der Dritten Welt von den beiden Machtblöcken zu lösen, um endlich ihre eigenen Interessen besser verfolgen zu können. Erstmals trafen sich die »Blockfreien« im April 1955 zu einer Konferenz im indonesischen Bandung, um ihre Vorstellungen zu formulieren. Künftig wollten sie sich als dritte Macht in die Weltpolitik einmischen. Ihre führenden Köpfe waren der ägyptische Präsident Nasser, der indische Ministerpräsident Nehru und der jugoslawische Präsident Tito. Doch obwohl die blockfreien Staaten der Dritten Welt zahlenmäßig die weitaus größere Gruppe darstellten, bestimmten die Staaten der Ersten und Zweiten Welt weiterhin die internationale Politik.

47. Der Nahost-Konflikt

Neben den Auseinandersetzungen zwischen Ost und West und Nord und Süd wurde der israelisch-arabische Konflikt zu einem Dauerthema der Weltpolitik nach dem Zweiten Weltkrieg. Wie kam es dazu?

Ende des 19. Jahrhunderts war eine jüdische Nationalbewegung entstanden. 1896 hatte der Journalist Theodor Herzl in seinem Buch »Der Judenstaat« für das jüdische Volk einen eigenen Staat in Palästina gefordert, damit die in aller Welt lebenden Juden »nach Zion heimkehren« könnten. Zion, der Name eines Hügels in Jerusalem, stand als Symbol für das »Gelobte Land«, aus dem die Juden einst von den Römern vertrieben worden waren.

In den 20er und 30er Jahren zogen die ersten europäischen Juden nach Palästina, viele von ihnen auf der Flucht vor den Nazis. Am Ende des Zweiten Weltkriegs lebten bereits 400 000 jüdische Siedler dort. Sie wurden von der in Palästina ansässigen arabischen Bevölkerung als Bedrohung empfunden; es kam zu ersten Kämpfen und Terroranschlägen von beiden Seiten. Um das Problem zu lösen, beschloss die UNO im November 1947, Palästina in einen jüdischen und einen arabischen Staat zu teilen und Jerusalem zu einer internationalen Stadt zu machen. Doch die Araber betrachteten ganz Palästina als ihr Land und lehnten den Teilungsplan ab. Die Juden akzeptierten ihn, warteten jedoch die vorgesehene Teilung nicht ab, sondern proklamierten am 14. Mai 1948 den Staat Israel. Die arabischen Nachbarstaaten erklärten Israel darauf den Krieg. Doch weil sie keine gemeinsame Strategie hatten und auf den Schlachtfeldern getrennt agierten, verloren sie trotz ihrer großen Übermacht. Israel erweiterte in diesem Krieg das ihm von der UNO zugedachte Staatsgebiet um ein Drittel.

Hauptverlierer des zehnmonatigen Krieges waren die Palästina-Araber, die Palästinenser. Ungefähr 750 000 von

David Ben Gurion proklamiert am 14. Mai 1948 den Staat Israel. Über ihm das Bild Theodor Herzls.

ihnen flüchteten oder wurden aus ihrer Heimat vertrieben. Fortan lebten sie in Flüchtlingslagern in den umliegenden arabischen Ländern und hatten nur ein Ziel: den Judenstaat auszulöschen und in ihre Heimat zurückzukehren. Israel sah sich also von Anfang an von den arabischen Staaten und den Palästinensern in seiner Existenz bedroht. Es konnte sich nur behaupten, weil es von den USA unterstützt wurde. Umgekehrt unterstützte die Sowjetunion die arabische Seite. Dennoch konnte Israel in den Nahostkriegen von 1956, 1967 und 1973 seine vorläufigen Grenzen sichern und sogar weitere Gebiete besetzen.

Die arabischen Staaten hatten Israel nicht besiegen können, die Palästinenser konnten das schon gar nicht. Trotzdem bekämpften sie weiter den verhassten Staat, vor allem mit Bombenattentaten. 1959 versuchte Yassir Arafat, die vielen palästinensischen Untergrundkämpfer in der »Al Fatah« zusammenzufassen; 1964 entstand die »Palästinensische Befreiungsorganisation« (PLO), deren Vorsitzender Arafat 1969 wurde. Die PLO wollte mit Attentaten, Sprengstoffanschlägen und Flugzeugentführungen die Welt auf das Palästinenserproblem aufmerksam machen und den Westen so zu einer Lösung in ihrem Sinn zwingen.

Als eine Phase der Entspannungspolitik in den 70er Jahren den Kalten Krieg beendete, drängten die beiden Supermächte ihre Verbündeten im Nahen Osten an die Verhandlungstische. 1977 fuhr der ägyptische Präsident Sadat zu Gesprächen nach Israel, was weltweit als Sensation empfunden wurde. Es kam zu einem Friedensvertrag, der Israel verpflichtete, die 1967 eroberte Sinai-Halbinsel an Ägypten zurückzugeben. Den Palästinensern brachte dieser Friedensvertrag nichts; sie kämpften weiter.

Als Israel in den besetzten Gebieten vermehrt jüdische Siedlungen baute, spitzte sich die Lage zu. 1987 rief die PLO die »Intifada« – wörtlich übersetzt »Abschüttelung«, »Erhebung« – aus. Das bedeutete offenen Widerstand. Selbst Kinder, Jugendliche und Frauen griffen israelische Soldaten und Zivilisten an. Die Intifada-Bewegung wuchs schnell an und zeigte der Welt deutlich, dass sich an der Lage der Palästinenser trotz aller Entspannung nichts geändert hatte.

Die USA drängten verstärkt auf Verhandlungen, zumal einige arabische Staaten mit großen Ölvorkommen die Einstellung der für die westlichen Industriestaaten so wichtigen Rohöllieferungen androhten. Es kam zu mehreren Abkommen, auch mit der PLO, in denen sie erstmals das Existenzrecht Israels anerkannte. Der eigene Staat sollte nun nicht mehr an Stelle von, sondern neben Israel entstehen. Dafür akzeptierte Israel die PLO als die politische Vertretung der Palästinenser und war mit einer palästinensischen Selbstverwaltung in den besetzten Gebieten einverstanden. Doch solche Fortschritte wurden durch Reden und Aktionen von beiden Seiten immer wieder in Frage gestellt. Vor allem gelang es Arafat nicht, Terroranschläge palästinensischer Extremisten zu verhindern. Israel wiederum unterstellt Arafat, er wolle dies auch gar nicht, und reagiert auf solche Anschläge in der Regel mit massiver Vergeltung.

Es geht im Nahost-Konflikt um das Lebensrecht zweier Völker in einem vergleichsweise kleinen Teil der

Welt; von weltpolitischer Bedeutung ist er, weil dort die arabisch-islamische und die westliche Welt aufeinanderprallen. Dabei sind die islamischen Staaten keineswegs ein einheitlicher politischer Block: Der Iran etwa ist seit der Revolution des Ajatollah Khomeini, der 1979 den westlich orientierten Schah stürzte, ein streng islamisches Land. Im Irak herrschte der Diktator Saddam Hussein, der Krieg gegen den Iran führte, um ein Übergreifen der Khomeinischen Ideen auf sein Land zu verhindern. Seinen Nachbarn Kuweit überfiel der Irak und konnte erst durch das Eingreifen der USA im so genannten Golfkrieg von 1991 gestoppt werden – hier kam also ein westliches Land einem arabischen zu Hilfe. Dennoch: Für beinahe alle Araber ist der Konflikt zwischen Israel und den Palästinensern der Prüfstein dafür, wie es der Westen mit der arabischen Welt insgesamt hält. In einer einseitigen Parteinahme für Israel sehen sie einen feindseligen Akt gegen alle Araber; nicht wenige vermuten dahinter alte kolonialistische Vorurteile. In ihrer extremsten Form führt diese Sichtweise zu der Vorstellung, die arabische, islamische Welt befinde sich in einem Krieg mit dem Westen. Fanatische islamische Terrororganisationen rekrutieren mit solchen Vorstellungen ihre Mitglieder, die seit dem Anschlag auf das New Yorker World Trade Center am 11. September 2001 den Westen in Angst und Schrecken halten. Auch deshalb – nicht nur wegen des arabischen Öls – muss die ganze Welt ein Interesse an der Lösung des Nahost-Konflikts haben.

48. China und Japan auf dem Weg nach vorn

Zwei sehr verschiedene Staaten erarbeiteten sich nach dem Zweiten Weltkrieg auf unterschiedliche Weise führende Rollen in der Weltpolitik: China und Japan.

Nach Ausrufung der Volksrepublik China am 1. Oktober 1949 wollten die Kommunisten das wirtschaftlich unterentwickelte Agrarland modernisieren. Dazu brauchten sie Hilfe; die erhielten sie von der Sowjetunion, die Tausende Experten schickte. Nach sowjetischem Vorbild sollte die Produktion und Verteilung von Gütern zentral gelenkt werden; wie in der Sowjetunion besaß dabei die Schwerindustrie Priorität. Ziel war es, möglichst schnell Anschluss an die führenden Industrienationen der Welt zu finden. In der Landwirtschaft gab es eine Bodenreform, bei der die Großgrundbesitzer enteignet und mehr als 800 000 von ihnen hingerichtet wurden. Das zeigte deutlich, dass China die stalinistische Sowjetunion in vielerlei Hinsicht zum Vorbild nahm. Das enteignete Land wurde neu verteilt und zu großen Einheiten zusammengefasst, für deren Bewirtschaftung eine Gemeinschaft aus mehreren Dörfern verantwortlich war. Aber weder die Industrie noch die Landwirtschaft Chinas entwickelte sich wie geplant. 1958 propagierte Mao Tse-tung deshalb den »Großen Sprung nach vorn«. In Landwirtschaft und Industrie sollte das fehlende Kapital durch die billige Arbeitskraft der Bauern ersetzt werden. Auf dem Land wurden »Volkskommunen« geschaffen, zu denen jeweils etwa 20 000 Menschen gehörten. Sie sollten in der Landwirtschaft, in handwerklichen und industriellen Kleinbetrieben genug produzieren, damit sich die Kommunen selbst versorgen konnten. Die völlige Einbeziehung der Frauen in den Produktionsprozess und die Einrichtung von Kinderkrippen, Heimschulen, Speise- und Schlafsälen sollten die Familienverbände auflösen und die Erziehung zu neuen, kommunistischen Menschen vorantreiben. Maos Ziel war es, den wirtschaftlichen Aufschwung und den Übergang zur kommunistischen Gesellschaft gleichzeitig zu schaffen.

Doch auch der »Große Sprung« brachte nicht den erhofften Erfolg. Im Gegenteil, die Nahrungsmittelproduktion ging so weit zurück, dass eine große Hungersnot ausbrach, der mehr als 20 Millionen Chinesen zum Opfer fielen. Zu den Schuldigen am Scheitern seiner Visionen erklärte Mao daraufhin Funktionäre in Partei und Staat, die noch immer in traditionellen Denk- und Lebensweisen gefangen seien. 1966 verkündete er die »Große proletarische Kulturrevolution«. »Bürokraten«, »Revisionisten« und »Konterrevolutionäre« wurden in Wandzeitungen öffentlich gebrandmarkt, aus den Amtsstellen, Betrieben und Hörsälen geholt und durch die Straßen getrieben. Besonders aktiv waren dabei die »Roten Garden« von maotreuen Schülern und Studenten. Sie sollten die »Abweichler« politisch umerziehen und dafür sorgen, dass die Lehren des »Großen Vorsitzenden« in allen Köpfen verankert wurden; doch sie übten mehr und mehr eine Willkür- und Schreckensherrschaft aus. Viele hunderttausend Intellektuelle wurden getötet oder in Arbeitslager gesteckt. Erst das beherzte Eingreifen der Armee machte dem Terror der Roten Garden ein Ende; 1969 wurde die Kulturrevolution von Mao für beendet erklärt. Danach kam es in der Kommunistischen Partei zu einem Konflikt zwischen »linken Ideologen« und »rechten Pragmatikern«, den letztere nach Maos Tod 1976 für sich entscheiden konnten.

Die noch zu Maos Lebzeiten eingeleitete Öffnung nach Westen wurde nun verstärkt. China nutzte Kapital, Maschinen und Technologien des Westens und ließ der Privatinitiative mehr Spielraum; es kam zu einem »Chinesischen Wirtschaftswunder«. Die Wachstumsraten betrugen mehr als zehn Prozent pro Jahr. Den wirtschaftlichen folgten allerdings nicht die von vielen erhofften politischen Reformen, was zu wachsender Unzufriedenheit führte. Vom Frühjahr 1989 an protestierten und demonstrierten immer mehr Chinesen gegen das Regime. Den Höhepunkt bildete eine Demonstration von über einer Million Menschen auf dem »Platz des Himmlischen Friedens« in Peking. In der Nacht zum 4. Juni 1989 ließ die Staatsführung die friedlich demonstrierenden Studenten von Panzern niederwalzen. Damit machte sie auf blutige Weise deutlich, dass es im politischen Bereich keine »Verwestlichung« geben werde. Die amerikanischen und europäischen Firmen ließen sich davon nicht abschrecken. China mit seinen 1,1 Milliarden Menschen war und ist ein zu wichtiger Wirtschaftspartner.

Auch weltpolitisch gewann China im Lauf der Jahre immer mehr Gewicht. In den 60er Jahren brach es mit der Sowjetunion; das bevölkerungsreichste Land der Erde suchte einen eigenständigen Weg zwischen den Supermächten. 1964 stieg es in den kleinen Kreis der Atommächte auf, 1972 wurde es Mitglied der UNO. Seither hat China dort eine gewichtige Stimme. Es gehört zu den großen Weltmächten.

In Japan verlief die Entwicklung anders und gleichmäßiger als beim Nachbarn China. Nach der Niederlage im Zweiten Weltkrieg war das Land von den Amerikanern besetzt. Die leiteten, ähnlich wie in Westdeutschland, einen Demokratisierungsprozss ein, organisierten das Bildungswesen neu und hoben den Großgrundbesitz auf. Schon 1947 erhielt Japan eine neue Verfassung, die das Land zu einer parlamentarischen Demokratie machte. Der Kaiser blieb zwar Staatsoberhaupt, hatte aber keine politische Macht mehr und wurde auf seine Funktion als Symbol der nationalen Einheit beschränkt. Der wirtschaftliche Wiederaufbau wurde von den USA großzügig unterstützt; sie sahen in dem ehemaligen Feind einen wichtigen Stützpfeiler ihrer Stellung in Ostasien. Mit der Unterzeichnung des Friedensvertrages im Jahre 1951 wurde Japan wieder ein souveräner Staat und Verbündeter der USA. 1956 erfolgte die Aufnahme in die UNO. In dieser Zeit begann die japanische Wirtschaft immer schneller zu wachsen. Radio-, Fernseh- und Videogeräte, Fotos und Kameras, Computer, Industrieroboter und Autos »Made in Japan« eroberten die Märkte in aller Welt. Der rasante Aufschwung machte das Land innerhalb von nur 20 Jahren zur zweitgrößten Wirtschaftsmacht hinter den USA.

49. Die Auflösung des Ostblocks

Mitte der 60er Jahre protestierten in den USA und überall in Europa vor allem junge Menschen gegen den Krieg in Vietnam. Doch ihr Protest meinte mehr. Er wandte sich grundsätzlich gegen die Politik der Väter, gegen verkrustete Gesellschaftsstrukturen und eine Welt, die ihnen allein von Wirtschaftsinteressen bestimmt schien. Viele junge Menschen in der westlichen Welt solidarisierten sich mit den Befreiungsbewegungen in der Dritten Welt. In den eigenen Ländern sollte die Demokratie lebendiger und basisorientierter werden. Der erste sozialdemokratische Kanzler der Bundesrepublik, Willy Brandt (1913–1992), griff diese Stimmung auf und versprach 1969 in seiner Regierungserklärung, mehr Demokratie zu wagen.

Die Aufbruchstimmung machte selbst am Eisernen Vorhang nicht halt. Im Frühjahr 1968 entstand in der Tschechoslowakei eine Reformbewegung, die auch die Kommunistische Partei erfasste. Alexander Dubček wurde Parteichef und gab die neuen Ziele bekannt: Demokratisierung und Liberalisierung. Ein »Sozialismus mit menschlichem Antlitz« sollte entstehen. Viele Menschen in aller Welt setzten große Hoffnungen in diesen »Prager Frühling«, setzten auf einen »Dritten Weg« zwischen Kapitalismus und Kommunismus. Aber genau das wollten die Machthaber der anderen Ostblockstaaten verhindern; sie fürchteten den Prager Frühling als »Bazillus der Freiheit«, denn auch sie glaubten an eine Art Domino-Theorie. In der Nacht zum 20. August 1968 marschierten Truppen des Warschauer Paktes in die Tschechoslowakei ein, beendeten das Experiment und setzten wieder eine moskautreue Führung ein. Doch der »Bazillus der Freiheit« wirkte trotz Panzer und Stacheldraht weiter.

Die Panzer des Warschauer Paktes standen mitten in Prag. Mutige Prager stellten sich ihnen in den Weg, konnten sie aber nicht aufhalten. Der »Prager Frühling« war zu Ende.

Eine wichtige Rolle spielte dabei die »neue Ostpolitik« des deutschen Kanzlers Willy Brandt. Sie sollte in erster Linie die Beziehungen zur DDR und den anderen Staaten Osteuropas verbessern. Doch als Folge dieser Politik nahmen auch die Kontakte zwischen den Menschen in Ost und West kontinuierlich zu; der Ausbreitung des »Freiheitsbazillus« kam das zugute. Auch der Wunsch nach mehr Konsumgütern wurde bei den Menschen in Osteuropa immer stärker. Je mehr sie vom Lebensstandard jenseits des Eisernen Vorhangs erfuhren, desto unzufriedener wurden sie mit ihrer eigenen Lage. Sie wollten nicht mehr länger auf die versprochenen Segnungen des Sozialismus warten; sie wollten mehr, nicht irgendwann, sondern möglichst bald.

Kluge kommunistische Politiker nahmen diese Stimmung ernst und schlugen Reformen vor, um das System als Ganzes zu retten. Doch vorerst dominierten noch »Betonköpfe«, für die Reformen nur Zeichen von Schwäche waren. Erst als im März 1985 der junge Michail Gorbatschow in Moskau an die Macht kam, sollte sich das ändern. Er war überzeugt, dass die kommunistischen Staaten reformiert werden mussten, wenn sie eine Zukunft haben wollten. Seine Vorgänger hatten sich vom amerikanischen Präsidenten Ronald Reagan in einen erneuten Rüstungswettlauf drängen lassen, der ungeheure Summen verschlang und die UdSSR in große wirtschaftliche Schwierigkeiten brachte. Deshalb nahm Gorbatschow gleich nach seinem Amtsantritt Kontakt zu Reagan auf, um den Rüstungswahnsinn zu beenden. Er wollte die ohnehin knappen Mittel des Landes einsetzen, um die Sowjetunion zu reformieren. »Perestroika« – »Umgestaltung«, »Erneuerung« – und »Glasnost« – »Offenheit«, »Transparenz« – hießen die Schlagworte, die damals um die Welt gingen. Allerdings steckte Gorbatschow in einem Dilemma. Er wollte das Land durch eine »Revolution von oben« modernisieren und liberalisieren, ohne jedoch den Führungsanspruch der Kommunistischen Partei und die staatliche Kontrolle der Wirtschaft aufzugeben. Dagegen wurden bald kritische Stimmen laut, die weiter gehende Reformen verlangten. Schneller als das irgendjemand für möglich gehalten hätte, fiel das Machtmonopol der Kommunistischen Partei.

Michail Gorbatschow

Auch den »sozialistischen Bruderländern« wurde nun erlaubt, ihre Politik selbstständig zu gestalten und eigene Wege zu gehen. Dort verlangten die bislang unterdrückten Oppositionsgruppen ebenfalls Reformen, allen voran die unabhängige Gewerkschaft Solidarność in Polen. Sie war mit Unterstützung der Katholischen Kirche bereits 1980 gegründet worden. Zunächst verboten und im Untergrund weiter arbeitend, war sie 1989 so stark, dass sie den herrschenden Kommunisten Wahlen abtrotzen konnte. Die Polen wählten die erste Mehrparteienregierung in einem Ostblockland. Dem Beispiel Polens folgten bald Ungarn und die Tschechoslowakei; die kommunistischen Machthaber im Osten Europas mussten nach und nach demokratisch gewählten Regierungen weichen.

Am längsten und heftigsten wehrte sich die DDR-Führung gegen jede Reform. »Den Sozialismus in seinem Lauf hält weder Ochs noch Esel auf!«, verkündete der Staats- und Parteichef Erich Honecker 1989 noch kurz vor seinem Sturz. Er wollte nicht sehen, dass sich das sozialistische Lager um ihn herum auflöste. Doch den Lauf der Dinge konnte auch der bis zuletzt uneinsichtige Honecker nicht aufhalten. Im Herbst 1989 zogen überall in der DDR mächtige Demonstrationszüge durch die Städte, forderten Freiheit und Demokratie. Honecker wurde von seinen Genossen abgesetzt und am Abend des 9. November 1989 gab die neue Führung dem Volkswillen nach: Die Grenzübergänge nach West-Berlin wurden geöffnet. Am 3. Oktober 1990 waren die beiden deutschen Staaten wiedervereint.

Michail Gorbatschow aber, dessen Politik das alles zu verdanken war und der dafür in aller Welt gefeiert wurde, bekam im eigenen Land immer größere Probleme. Am 19. August 1991 gab es gar einen Putsch von Reformgegnern aus Armee und Partei. Sie nahmen Gorbatschow gefangen und zogen 3500 Panzer um Moskau zusammen. Durch das entschlossene Handeln der demokratischen Kräfte mit dem russischen Präsidenten Boris Jelzin an der Spitze scheiterte der Umsturzversuch. Jelzin wurde zum neuen starken Mann, setzte das Verbot der Kommunistischen Partei in Russland durch und erklärte die russische Republik für souverän. Diesem Beispiel folgten die anderen Republiken; damit war die »Union der Sozialistischen Sowjetrepubliken« faktisch aufgelöst.

Gorbatschow, der vergeblich versucht hatte, den Zerfall zu verhindern, trat als Staatspräsident zurück. Am 31. Dezember 1991 hörte die UdSSR offiziell auf zu existieren. Ihre Stelle in der Weltpolitik nahm ihr größter Teilstaat, das neue Russland, ein.

50. Auf dem Weg nach Europa

Mit der Wiedervereinigung war die »deutsche Frage« gelöst. Um den Nachbarn und der Welt zu signalisieren, dass sie vor dem größeren Deutschland keine Angst zu haben brauchten, verstärkte Bundeskanzler Kohl seine Bemühungen um ein vereintes Europa. Ein »Viertes Reich«, das zuweilen als Gespenst durch die Medien verschiedener Länder geisterte, würde es nicht geben.

Im Dezember 1991 beschlossen zwölf Staats- und Regierungschefs in Maastricht, die Europäische Gemeinschaft zur Europäischen Union weiterzuentwickeln. Die vor allem wirtschaftlich orientierte Gemeinschaft sollte schrittweise zu einer politischen Union, der europäische Binnenmarkt zu einer Wirtschafts- und Währungsunion mit einer Europäischen Zentralbank und einer gemeinsamen Währung werden. Dann wollte man eine gemeinsame Außen- und Sicherheitspolitik einleiten, mit dem Ziel, irgendwann auch eine europäische Armee zu bilden. Auch in der Innen- und Rechtspolitik sollten Regelungen für eine engere Verzahnung geschaffen werden. Weil dies alles einen Verzicht auf Souveränitätsrechte und Selbstständigkeit bedeutete, gab es darüber in allen Ländern intensive Diskussionen. Die Dänen lehnten den Vertrag in einer Volksabstimmung mit knapper Mehrheit gar ab, womit er praktisch schon gescheitert war. Erst nach weiteren Verhandlungen und Zugeständnissen stimmten in einem zweiten Referendum 56,8 Prozent der Dänen doch noch zu und die Maastrichter Verträge konnten am 1. November 1993 in Kraft treten.

Im Grundsatz sind sich die Staaten also weitgehend einig: Am Ende des Prozesses sollen die Vereinigten Staaten von Europa stehen. Auf welchen Wegen und vor allem in welcher Zeit dieses Ziel angestrebt werden soll, darüber gibt es allerdings unterschiedliche Vorstellungen. Und noch scheuen sich die nationalen Regierungen und Parlamente, dem Europäischen Parlament und der Kommission, die eine Art europäische Regierung darstellt, weitreichende Kompetenzen zu geben; noch wollen sie, wenn auch abgestimmt mit den Partnern, selbst die Richtlinien ihrer Politik bestimmen.

Am 1. Januar 1995 traten mit Finnland, Österreich und Schweden drei weitere Staaten der EU bei. Von den nunmehr 15 EU-Staaten führten elf am 1. Januar 1999 die neue Währung, den Euro, ein – zunächst nur als Rechnungseinheit. In den Händen halten konnte man das neue Geld erst drei Jahre später. Obwohl die Umstellung am 1. Januar 2002 problemlos klappte, trauerten viele Menschen in Europa ihren bisherigen Münzen und Scheinen nach. Besonders verständlich ist das bei den Ostdeutschen, mussten sie sich doch zum zweiten Mal innerhalb von zwölf Jahren umstellen und an neues Geld gewöhnen; die Westdeutschen wiederum vermissten ihre stabile D-Mark und klagten bald lautstark über den »Teuro«.

Neben der gemeinsamen Währung sollte eine Verfassung zum Fundament für das »europäische Haus« werden. Ein Konvent wurde gebildet und erhielt die Aufgabe, diese Verfassung auszuarbeiten. Doch bald zeigte sich, dass das leichter gewollt als getan war. Die erste Regierungskonferenz über den Verfassungsentwurf scheiterte im Dezember 2003, weil die Vorstellungen von Großen und Kleinen, Armen und Reichen, Kern-Europäern und Neumitgliedern in wichtigen Fragen zu unterschiedlich waren. Also musste der Konvent den Entwurf überarbeiten.

Am 1. Mai 2004 nahm die EU mit Polen, Tschechien, Ungarn, Slowakei, Slowenien, Litauen, Lettland, Estland, Malta und dem griechischen Teil Zyperns zehn neue Mitglieder auf. Fünfzehn Jahre nach dem Fall der Mauer und des Eisernen Vorhangs beendete diese so genannte »Osterweiterung« endgültig die Spaltung Europas, die 1945 von den Alliierten beschlossen worden war.

Damit umfasst die Europäische Union einen Wirtschaftsraum mit 450 Millionen Menschen und verfügt über eine weit größere Bevölkerung als die USA mit 280 Millionen. Und schon stehen mit Rumänien, Bulgarien und der Türkei weitere Beitrittskandidaten bereit. Welche Länder wann aufgenommen werden, hängt von den jeweiligen wirtschaftlichen und politischen Zuständen ab. Ziel der EU ist es, Demokratie und Marktwirtschaft nach dem Osten und Südosten Europas auszudehnen, nicht zuletzt, um die politische Stabilität in diesen Regionen zu fördern.

Im Juni 2004 durften die Bürgerinnen und Bürger des erweiterten Europa ihr Parlament wählen. Dieses Recht nahmen insgesamt nur 43% der Wahlberechtigten wahr – wobei die Wahlbeteiligung in den zehn neuen Ländern deutlich unter der in den alten lag. Auffallend war, dass in den meisten Ländern die Regierungsparteien abgestraft wurden und diejenigen Parteien, die als Kritiker der EU auftraten, erstaunlich viele Stimmen erhielten.

Wenige Tage nach der Wahl trafen sich die 25 Staats- und Regierungschefs, um den vom Verfassungskonvent vorgelegten überarbeiteten Entwurf zu beraten. Nach langen Diskussionen einigten sie sich auf den kleinsten gemeinsamen Nenner, um ein erneutes Scheitern zu verhindern. Erstmals gelten seither gemeinsame Grundrechte für alle Menschen in der EU. Das Parlament erhält mehr Kompetenzen, darf aber nach wie vor nicht die Kommission bilden. Der Kommissionspräsident und die Kommissare werden von den Regierungen der Länder berufen.

Heftig umstritten war auch das Abstimmungsverfahren, weil die großen Länder ihren Einfluss behalten, die kleinen aber nicht nur mitstimmen, sondern mitbestimmen wollen. Entsprechend kompliziert klingt die Kompromissformel der »doppelten Mehrheit«: Ein Beschluss wird gefasst, wenn 55% der Mitgliedsländer oder mehr, mindestens aber 15 Länder zustimmen. Diese müssen außerdem mindestens 65% der Bevölkerung repräsentieren. Mindestens vier Länder sind nötig, um einen Beschluss zu blockieren.

Neu eingeführt wird das Amt des Außenministers, der

Jubelnde Franzosen nach der Abstimmung über die EU-Verfassung. Ihr »Non« bedeutet, wie das »Nee« der Niederländer, einen schweren Rückschlag auf dem Weg zum vereinigten Europa.

eine europäische Außen- und Sicherheitspolitik formulieren und praktizieren soll. Er ist gleichzeitig Vizepräsident der Kommission und damit zweitmächtigster Mann in der EU.

Über diese Verfassung müssen die Parlamente der Mitgliedsländer bis spätestens 2007 abstimmen; erst wenn sie von allen ratifiziert wurde, kann sie in Kraft treten. Dass es so weit kommen wird, bezweifelten viele Kritiker von Anfang an; seit dem Mai 2005 sehen sie sich bestätigt: Franzosen und Niederländer lehnten in Volksabstimmungen die EU-Verfassung ab. Ängste spielten dabei eine entscheidende Rolle: Angst vor allem vor einer übermächtigen europäischen Bürokratie und davor, dass zu viele Mitgliedstaaten Europa zu einem Gebilde machen, das eher alte Identitäten bedroht, als dass es neue schaffen könnte. Was aus dem Ausgang der Volksabstimmungen in Frankreich und den Niederlanden folgt, ist noch nicht abzusehen. Sicher ist, dass die Befürworter des vereinigten Europa noch viel Überzeugungsarbeit werden leisten müssen.

51. Die letzte Supermacht

Seit die UdSSR nicht mehr existiert, sind die USA die einzige Supermacht – manche sprechen gar von einer Hypermacht – der Welt. Für die amerikanische Führung ist damit eine »Politik der Stärke« noch verlockender als zu früheren Zeiten. Präsident Bill Clinton erlag dieser Verlockung nicht. Zwar standen für ihn die Interessen seines Landes an erster Stelle, doch er benutzte die große Macht verantwortungsvoll, um gemeinsam mit anderen Staaten Krisenregionen zu stabilisieren – was einmal mehr, einmal weniger gelang.

Eine dieser Krisenregionen war das ehemalige Jugoslawien. Hier hatten nach dem Ende des Zweiten Weltkriegs mehrere Völker in einem neu gebildeten Staat unter einer kommunistischen Führung zusammengelebt. Dabei hatten die Serben als größte Volksgruppe immer eine Führungsrolle beansprucht. Im Zuge der Auflösung des Ostblocks erklärten sich 1991 Mazedonien, Kroatien, Slowenien und Bosnien-Herzegowina für unabhängig. Das wollten die Serben nicht akzeptieren; in den darauf folgenden Jahren kam es immer wieder zu blutigen Auseinandersetzungen.

Im November 1995 schaffte es Clinton, die Regierungschefs zur Unterzeichnung eines Friedensabkommens an einen Tisch zu bringen. Nun schwiegen zwar die Waffen, aber die Beziehungen zwischen den Volksgruppen blieben feindselig.

Besonders kritisch wurde die Lage im Kosovo. Dort herrschten seit langem 200 000 Serben über zwei Millionen Albaner. Die wollten das nicht länger dulden und verlangten größere Autonomie von der serbischen Zentralregierung unter Ministerpräsident Milosevic. Dessen Politik hatte zum Ziel, den Kosovo »albanerfrei« zu machen. Bis 1998 flohen hunderttausende Albaner vor den Gewalttaten serbischer Militäreinheiten aus ihrer Heimat. Doch damit war Milosevic noch nicht zufrieden; er schickte Erschießungskommandos durch den Kosovo, die schreckliche Massaker verübten. Um den drohenden Völkermord zu verhindern, forderte der UN-Sicherheitsrat Milosevic mehrfach auf, das Blutvergießen zu beenden. Als sämtliche diplomatischen Versuche ohne Erfolg blieben, bombardierten NATO-Flugzeuge von März bis Juni 1999 serbische Einrichtungen im Kosovo und zwangen Milosevic, seine Truppen abzuziehen. Anschließend überwachte eine internationale Truppe, die Kosovo Force (KFOR), die Einhaltung der getroffenen Vereinbarungen. Heute steht Milosevic als Angeklagter wegen seiner Verbrechen gegen die Menschlichkeit vor dem Internationalen Strafgerichtshof in Den Haag. Doch bis zu einem friedlichen Zusammenleben der verschiedenen Volksgruppen auf dem Gebiet des ehemaligen Jugoslawien scheint es immer noch ein weiter Weg.

Im Januar 2001 löste der Republikaner George W. Bush den Demokraten Bill Clinton als Präsident der USA ab. Und schon bald wurde ein politischer Kurswechsel sichtbar: Die neue Regierung machte deutlich, dass sie internationale Verträge und Regeln nicht für verbindlich ansah, wenn diese nicht den eigenen Interessen entsprachen. Ein Beispiel dafür war die Ablehnung des Internationalen Strafgerichtshofs in Den Haag, der Kriegsverbrechen und Menschenrechtsverletzungen verfolgen soll. 1998 hatten 120 Staaten das Abkommen unterzeichnet, darunter Bill Clinton für die USA. Die Bush-Regierung erklärte Clintons Unterschrift für ungültig; US-Bürger sollten nicht vor ein internationales Gericht gestellt werden können.

Das entsprach den Vorstellungen Bushs und seiner Regierung, dass die USA kein Staat wie jeder andere, sondern ein besonderer mit besonderen Rechten sei. Vor Kadetten der Militärakademie West Point erläuterte Bush sein politisches Credo: »Es gibt nur ein dauerhaftes Modell für den Erfolg einer Nation – das amerikanische. Es ist für alle Menschen in allen Gesellschaften richtig und vernünftig.« Folglich hätten »die Vereinigten Staaten auch das Recht, jede Regierung zu stürzen, die eine Gefahr für ihre Sicherheit darstellt«. Vor amerikanischen Unternehmern sprach er über die Geschichte der zivilisierten Welt und erklärte: »Ein Teil dieser Geschichte ist von anderen geschrieben worden, der Rest wird von uns geschrieben werden.«

Das erste Kapitel dieser Geschichte sollte dem Irak gewidmet sein. Dort wollte der amerikanische Präsident zu Ende bringen, was sein Vater George Bush als Präsident im Golfkrieg von 1991 begonnen, aber nicht zu Ende gebracht hatte: den Sturz Saddam Husseins. Doch dann begann dieses Kapitel völlig anders, als es die Bush-Regierung geplant hatte, denn zum ersten Mal in der Geschichte wurden die USA Ziel eines Angriffs im eigenen Land: Am 11. September 2001 flogen arabische Selbstmordattentäter mit entführten Flugzeugen ins New Yorker World Trade Center und rissen dabei über 3000 Menschen in den Tod. Präsident Bush betrachtete das als Kriegserklärung an die USA und kündigte einen »Feldzug gegen den internationalen Terrorismus« an. Ohne zu zögern, sicherten die meisten westlichen Regierungen den USA »uneingeschränkte Solidarität« zu.

Erstes Ziel des Feldzuges gegen den Terrorismus war das Taliban-Regime in Afghanistan, das Terroristen Unterschlupf und Hilfe gewährte, unter anderem der Terror-Organisation Al-Qaida und deren Führer Osama bin Laden, der sich zu dem Anschlag vom 11. September bekannte. Beim Krieg gegen die Taliban wurden die USA von vielen Ländern unterstützt. Doch als Präsident Bush den irakischen Diktator Saddam Hussein und sein Regime als nächstes Kriegsziel nannte, bröckelte die gemeinsame Front. Der deutsche Bundeskanzler Schröder stellte sich zusammen mit dem französischen Staatspräsidenten Chirac an die Spitze derer, die den Irak mit friedlichen Mitteln entwaffnen und einen Krieg verhindern wollten.

Die USA begründeten ihre Kriegsabsichten damit, dass der Irak Massenvernichtungswaffen besitze und den in-

Die Statue Saddam Husseins in Bagdad wird gestürzt. Inzwischen weiß man, dass das Ende der Diktatur noch nicht den Frieden für den Irak bedeutete.

ternationalen Terrorismus unterstütze. Deshalb sei das Hussein-Regime eine Gefahr für alle friedliebenden Staaten und müsse gestürzt werden. Notfalls würden die USA das auch ohne Zustimmung der UN und ohne Hilfe der NATO tun.

Nach monatelangem diplomatischen Tauziehen setzten die USA ihre Politik der Stärke gegen alle Bedenken durch. Unterstützt wurden sie dabei vor allem von Großbritannien. Am 20. März 2003 gab Präsident Bush trotz weltweiter Proteste den Befehl zum Angriff; der Irak-Krieg begann. Gegen die gewaltige amerikanische Militärmaschine stand der Irak auf verlorenem Posten und schon am 1. Mai konnte Bush das »Ende der Hauptkampfhandlungen« verkünden.

Teile der irakischen Bevölkerung begrüßten die Soldaten als Befreier, andere sahen in ihnen Besetzer, gegen die sie aus dem Untergrund kämpften. Dieser Kampf dauert bis heute an und hat inzwischen mehr amerikanische Soldaten das Leben gekostet als die »Hauptkampfhandlungen«. Die Regierungen der Vereinigten Staaten und Großbritanniens mussten erkennen, dass es einfacher war, den Krieg zu gewinnen, als dem Land einen geordneten Frieden zu bringen. In beiden Ländern wurden die kritischen Stimmen lauter, zumal trotz intensiver Suche keine Massenvernichtungswaffen im Irak gefunden wurden – heute weiß man, dass es keine gegeben hat. Auch Verbindungen des Irak zu Terroristen konnten nicht nachgewiesen werden.

Der Diktator Hussein war bei Kriegsende spurlos verschwunden; am 14. Dezember 2003 wurde er, in einem Erdloch versteckt, gefunden und gefangen genommen. Doch an der Situation im Irak änderte das nichts.

Im Frühjahr 2004 erfuhr die Welt, dass amerikanische Soldaten irakische Gefangene misshandelt und gefoltert hatten. Von dem hohen moralischen Anspruch, mit dem der Feldzug gegen den so genannten »Schurkenstaat« begründet wurde, blieb wenig übrig. Die deutsche Wochenzeitung DIE ZEIT urteilte über die Politik des amerikanischen Präsidenten: »Der Bankrott seiner Strategie ist komplett: politisch, militärisch und moralisch.« Die Bush-Regierung musste erkennen, dass sie für den Wiederaufbau des Irak auf die Unterstützung anderer Staaten angewiesen war. In dieser Situation bat der amerikanische Präsident die UN um Hilfe.

Am 8. Juni 2004 beschloss der UN-Sicherheitsrat, dass noch im selben Monat die Besatzungszeit enden und der Irak seine Souveränität zurückerhalten solle. Der erste Schritt dazu war die Einsetzung einer irakischen Übergangsregierung mit dem Auftrag, demokratische Wahlen vorzubereiten und bis zu deren Durchführung die Staatsgeschäfte zu führen. Die Lage im Irak aber blieb unruhig. Untergrundkämpfer verübten weiter Bombenanschläge, deren Opfer vor allem Iraker wurden, die mit den Amerikanern kooperieren und am Aufbau des neuen Irak mitarbeiten wollten.

In diese schwierige Zeit fiel der Wahlkampf um das Amt des amerikanischen Präsidenten. Die meisten Beobachter gingen davon aus, das Irak-Debakel werde George W. Bush das Amt kosten. Der demokratische Senator John Kerry schien der neue Mann im Weißen Haus zu werden.

Doch trotz aller Kritik an Bushs Politik waren schließlich die Zweifel am Herausforderer größer als die Skepsis gegenüber dem amtierenden Präsidenten. Mit 51 Prozent der Stimmen wurde George W. Bush wiedergewählt. Und mehr noch: in beiden Kammern des Parlaments errang seine Republikanische Partei die Mehrheit. Ob Bush vor diesem Hintergrund in seiner zweiten Amtszeit eine gemäßigtere Außenpolitik betreibt, wie viele Menschen überall auf der Welt hoffen, wird sich zeigen.

Nur wenige Tage nach Bushs Vereidigung sollte im Irak am 30. Januar 2005 die lange vorbereitete Wahl zur Nationalversammlung stattfinden. Die Führer der sunnitischen Muslime hatten zum Wahlboykott aufgerufen. Und extremistische Gruppen hatten angekündigt, sie würden Wahllokale bombardieren und Wähler ermorden. Deshalb war mit einer geringen Wahlbeteiligung gerechnet worden. Doch zur großen Überraschung der Beobachter wagten knapp 60 Prozent der Iraker – darunter erstaunlich viele Frauen – den Gang in die Wahllokale und demonstrierten damit neben ihrem Mut auch ihren Willen, den Irak zu einer Demokratie zu machen. Mit 48 Prozent erhielt die schiitische Allianz die meisten Stimmen, gefolgt von der Liste der Kurden mit 26 Prozent. Die Liste des von den USA unterstützten Ministerpräsidenten Allawi erhielt knapp 14 Prozent. Die gewählten Abgeordneten haben nun die schwierige Aufgabe, eine Verfassung auszuarbeiten, die allen Bevölkerungsgruppen Möglichkeiten eröffnet, sich in einem demokratischen Irak heimisch zu fühlen. Ob das gelingt und wie lange es dauern wird, im Irak stabile politische Verhältnisse und ein geordnetes Wirtschaftsleben zu schaffen, vermag heute freilich niemand zu sagen.

52. Krieg der Kulturen?

Im Frühjahr 2003 kam wieder einmal Bewegung in die Nahost-Politik. Eine Initiative von UN, USA, EU und Russland führte zur so genannten »roadmap«, einem Fahrplan zum Frieden zwischen Israel und den Palästinensern. In mehreren Stufen soll bis Ende 2005 »ein unabhängiger, lebensfähiger, souveräner palästinensischer Staat in Frieden und Sicherheit Seite an Seite mit Israel« errichtet werden. Als Voraussetzung dafür wurden genannt: Beide Seiten verzichten auf Gewalt. Israel beendet den Siedlungsausbau, der palästinensische Staat hält freie Wahlen ab und organisiert sich nach demokratischen Grundsätzen. Dann zieht Israel Schritt für Schritt seine Soldaten aus Gaza und Westjordanland ab. Zum Schluss wird eine Lösung für die Israelis, die dort angesiedelt worden waren, für die palästinensischen Flüchtlinge und für Jerusalem gefunden.

Die israelische Regierung unter Ariel Scharon stimmte dem Friedensplan zu. Damit akzeptierte zum ersten Mal in der Geschichte eine israelische Regierung offiziell die Gründung eines palästinensischen Staates. Im Gegenzug versprach der palästinensische Regierungschef Mahmud Abbas, seine Landsleute zum Ende der Gewalt gegen Israel aufzurufen. Doch wie schon so oft, antworteten radikale Palästinenser auch auf diesen Friedensplan mit Anschlägen auf israelische Einrichtungen, bei denen vier Soldaten starben. Dennoch verkündeten zur Überraschung der Welt die führenden Palästinenserorganisationen Fatah, Hamas und Islamischer Dschihad zwei Wochen später einen sofortigen Waffenstillstand. Gemeinsam mit Israel unternahmen sie erste Schritte zur Umsetzung des internationalen Friedensplans. Israel zog Truppen aus dem nördlichen Gazastreifen ab und ließ einen Teil der etwa 8000 palästinensischen Gefangenen frei. Diesen Prozess stoppten im August 2003 drei Selbstmordattentäter, die

25 Israelis mit sich in den Tod rissen und damit die Spirale der Gewalt wieder in Bewegung setzten. Israel antwortete mit Angriffen auf die Hauptquartiere der verschiedenen palästinensischen Organisationen. Am 22. März 2004 töteten israelische Soldaten den Hamas-Führer Jassin und einen Monat später dessen Nachfolger Rantisi. Am 18. Mai begann die »Operation Regenbogen«, mit der, so die israelische Regierung, im südlichen Gazastreifen gegen den Waffenschmuggel aus Ägypten und gegen palästinensische Terroristen vorgegangen werden sollte. Dabei wurden trotz weltweiter Proteste Häuser beschossen und abgerissen. Es gab zahlreiche Tote, darunter auch Kinder, mehr als 2000 Menschen wurden obdachlos.

Weltweite Proteste gab es auch gegen den Bau einer gigantischen Mauer zwischen Israel und dem Westjordanland. Ein 680 Kilometer langer Schutzwall soll palästinensische Terroranschläge stoppen. Doch um das zu erreichen, ist mehr und anderes nötig als eine bis zu acht Meter hohe Mauer.

Dafür gibt es trotz aller Schwierigkeiten seit dem 11. November 2004 wieder eine Chance. An diesem Tag starb Jassir Arafat im Alter von 75 Jahren, und damit ging eine Ära zu Ende. Vierzig Jahre hatte er die Politik im Nahen Osten maßgeblich mitbestimmt. Die Palästinenser verehrten ihn, doch in den letzten Jahren waren immer mehr kritische Stimmen laut geworden, der starrsinnige alte Mann habe die Sache der Palästinenser in eine Sackgasse manövriert. In seiner »Autonomiebehörde« herrsche Korruption und Vetternwirtschaft. Es sei höchste Zeit für eine neue Führung. Der Tod des »ewigen Arafat« machte den Weg dafür frei. Zu seinem Nachfolger als Palästinenserpräsident wurde am 10. Januar 2005 mit großer Mehrheit Mahmud Abbas gewählt. Der neue Mann hatte sich schon früh von terroristischen Anschlägen distanziert und sich gegen die »bewaffnete Intifada« ausgesprochenen. Ihn wählten die Menschen, weil sie Frieden wollen.

Und kaum war Abbas gewählt, kamen von allen Seiten

positive Signale: Der amerikanische Präsident Bush versprach, den Palästinensern dabei zu helfen, ihre Ziele zu verwirklichen. Die EU sagte finanzielle Hilfe zu. Und was noch wichtiger war: Ariel Scharon bot Gespräche an. Die fanden schon einen Monat später in Ägypten statt – mit überraschend positivem Ergebnis: Scharon und Abbas erklärten ihren festen Willen, dem Blutvergießen im Nahen Osten ein Ende zu machen. Eine Waffenruhe und die Freilassung von Gefangenen sollen das Tor zu neuen Verhandlungen öffnen. »Wir haben vereinbart, dass die Palästinenser alle Akte der Gewalt gegen die Israelis stoppen, Israel wird alle seine Militäreinsätze gegen Palästinenser beenden«, heißt es in der gemeinsamen Erklärung. »Dies ist der Beginn einer neuen Ära«, fügte Abbas vor der internationalen Presse hinzu. Soll im Nahen Osten endlich Frieden einkehren, müssen diesen Worten Taten folgen.

Nicht nur im Nahen Osten, auch in anderen Teilen der Welt gab es seit der Jahrtausendwende kriegerische Auseinandersetzungen. Im Jahr 2003 waren es etwa vierzig, die Mehrzahl davon in Afrika und Asien, mit geschätzten sieben Millionen Toten. Von einem friedlichen Beginn des neuen Jahrtausends kann also keine Rede sein. Und neben die zwischenstaatlichen Kriege trat in den letzten Jahren verstärkt eine neue Kriegsform, die so genannten »privaten Kriege«. Einzelpersonen oder kleine Gruppen können sich mit Staaten anlegen und ihnen mehr oder weniger große Schäden zufügen, weil die moderne Zivilisation störanfällig ist. Das gilt für Verkehrswege und Informationsnetze, für wichtige Versorgungseinrichtungen und Großbetriebe. Schon eine geringe Menge Sprengstoff kann sie zumindest zeitweise lahm legen. Kaum ein Monat vergeht, in dem die Medien nicht von einem Anschlag berichten – am 11. März 2004 wurden in Madrid in einem Pendlerzug 191 Menschen getötet und 1500 verletzt, im April und Mai desselben Jahres kamen in Saudi-Arabien bei mehreren Anschlägen insgesamt 35 Menschen ums

Leben, zumeist Amerikaner und Europäer. Viele dieser Anschläge werden der Al-Qaida zugeschrieben. Sie wurde vermutlich um 1988 von dem aus Saudi-Arabien stammenden Osama bin Laden gegründet und besteht heute aus mehreren islamischen Terrorgruppen, die in verschiedenen Ländern Ausbildungslager und Verstecke haben und netzwerkartig miteinander verbunden sind. Ihr Kampf richtet sich gegen jeglichen westlichen Einfluss auf die muslimische Welt, ja, gegen die gesamte westliche Lebensweise.

Häufig kann man hören und lesen, diese Anschläge gehörten schon zu dem viel zitierten »Krieg der Kulturen«, der zum Weltkrieg des eben begonnen Jahrhunderts werde. Doch noch haben wir Zeitgenossen es in der Hand, dafür zu sorgen, dass die Propheten eines solchen Krieges sich irren. Noch können Politiker, Geistliche, Wissenschaftler, Künstler, können wir alle dafür sorgen, dass es zu keinem »Krieg der Kulturen« kommt.

Die immer engere Verzahnung von Kontinenten und Ländern, die viel beschworene »Globalisierung« in allen Bereichen macht auch eine immer engere Verzahnung der Politik nötig. Von Erster, Zweiter, Dritter und Vierter Welt zu reden, vermittelt den Eindruck, es gäbe vier Welten. Das ist heute weniger richtig als es jemals war. Es gibt nur eine Welt, deshalb muss es auch *eine* Weltpolitik geben. Sie darf keine Politik des Gegeneinander, sie muss eine Politik des Miteinander sein: Weltinnenpolitik.

Bei allen regionalen und nationalen Unterschieden steht die Weltgesellschaft im neuen Jahrtausend gemeinsam vor der Aufgabe, ein friedliches Neben- und Miteinander aller Menschen in einer lebenswerten Umwelt zu ermöglichen.

Für Lilo, ihre Hilfe und Geduld

Das gesamte lieferbare Programm der *Reihe Hanser*
und viele andere Informationen finden Sie unter
www.reihehanser.de

Erweiterte Neuausgabe 2010

5. Auflage 2012
2006 Deutscher Taschenbuch Verlag GmbH & Co. KG,
München
© Carl Hanser Verlag München 2002,
erweiterte Neuausgabe 2005
Umschlag: Peter Andreas Hassiepen unter Verwendung
einer Abbildung von Annabelle Breakey/Tony Stone
Satz und Lithos: Reinhard Amann, Aichstetten
Druck und Bindung: Druckerei Kösel, Krugzell
Gedruckt auf säurefreiem, chlorfrei gebleichtem Papier
Printed in Germany · ISBN 978-3-423-62287-5

Manfred Mai, geboren 1949 im schwäbischen Winterlingen, zählt zu den bekanntesten deutschen Jugendbuchautoren. Er hat Geschichte und Deutsch studiert und unterrichtet, bevor er sich ganz für das Schreiben entschied. Nach einer hochgelobten »Deutschen Geschichte« und einer »Deutschen Literaturgeschichte« ist die »Weltgeschichte« sein drittes großes Geschichtswerk für junge Leser. Inzwischen ist dazu auch ein Lesebuch erschienen, das »Lesebuch zur Weltgeschichte«.

Bildnachweis:
Abby Aldrich Rockefeller Folk Art Centre, Williamsburg, VA: 107; Archäologisches Landesmuseum, Schloß Gottorf, Schleswig: 14; akg images: 65, 66, 118, 164, 182; Bildarchiv Preußischer Kulturbesitz, Berlin: 142, 162; British Library, London/Bridgeman-Giraudon: 62; British Museum, London: 137; The Cleveland Museum of Art: 110; Corbis: 196, 200; Deutsches Historisches Museum, Berlin: 100, 143; Michael Freeman/Bruce Coleman Ltd.: 32; Galleria dell' Accademia: 69; Germanisches Nationalmuseum, Nürnberg: 50, 78; Giraudon, Paris: 87, 113; Hans Hinz, Basel: 9; Indisches Nationalmuseum, Neu-Delhi/The Bridgeman Library: 24; Wolfgang Kaehler/Corbis/Picture Press: 26; Kunsthistorisches Museum, Wien: 98; Metropolitan Museum of Art, New York: 28; Museum Capitolini, Rom/Scala: 36; Museum of Fine Arts, Lausanne: 81; Natural History Museum, Wien: 10; G. Dagli Orti, Paris: 19, 74; Photobank © Tettoni, Cassio & Assoc.: 23; Ramses-Institut: 18; Science Museum, London: 125; Sipa Press: 190, 191; SV-Bilderdienst: 166; Alain Thomas/Explorer/Auscape: 56; ullstein bild: 171; ullstein bild/dpa: 176; The University Museum, Universität von Pennsylvania: 16; Universitätsbibliothek Heidelberg: 54; Vatikanische Bibliothek, Rom: 59

Trotz aller Bemühungen ist es dem Verlag nicht gelungen, sämtliche Rechteinhaber ausfindig zu machen. Wir bitten darum, sich mit dem Verlag in Verbindung zu setzen, damit wir eventuelle Korrekturen bzw. übliche Vergütungen vornehmen können.